Unbeschwert Wohnen im Alter

Bettina Rühm

Unbeschwert Wohnen im Alter

Neue Lebensformen und Architekturkonzepte

Deutsche Verlags-Anstalt München

Inhalt

Unbeschwert Wohnen im Alter

Unbeschwert Wohnen im Alter? Das mag wie ein Widerspruch klingen, verbinden doch viele Menschen gerade mit dem Begriff »Alter« spontan vielerlei Einschränkungen. Für ein selbstbestimmtes Leben scheinen Fitness und Beweglichkeit Voraussetzungen zu sein, Eigenschaften, die mit zunehmendem Alter nachlassen. Von »Unbeschwertheit« kann doch da keine Rede sein – oder doch?

Weitgehend unbeschwert sein kann derjenige, der so selbstständig wie möglich lebt, sich jedoch in seinem sozialen Umfeld geborgen weiß und bei Bedarf jederzeit die nötige Unterstützung erhält. So kann man dem Älterwerden gelassen entgegensehen. Dieses Ideal ist keineswegs das Privileg weniger vom Schicksal Begünstigter, sondern das Ergebnis sorgfältiger und individueller Lebensplanung. Das Entscheidende dabei ist, frühzeitig mit dieser Planung anzufangen, noch lange, bevor durch äußere Einflüsse wie zum Beispiel altersbedingte Funktionseinschränkungen, Krankheit oder finanzielle Engpässe eine Veränderung unabwendbar wird. Unter dem Druck, rasch eine Lösung finden zu müssen, ergeben sich nur selten passende Wohnalternativen.

Das Thema »Älter werden« ist für viele Menschen mit Ängsten und Befürchtungen behaftet und wird deshalb häufig verdrängt. Alt werden wollen die meisten, »älter werden« fällt jedoch vielen schwer. Nachlassende Leistungsfähigkeit im Alter hat in unserer Gesellschaft keinen Platz. Die Befürchtung, nicht mehr gebraucht zu werden, sitzt bei vielen tief, denn zum »alten Eisen« möchte niemand gehören.

Man kann jedoch das Alter auch als Herausforderung sehen – nicht nur als »letzten Lebensabschnitt«, sondern als Chance für einen Neuanfang. Heutige Senioren sind zunehmend aktive Mitglieder der Gesellschaft, werden immer kontaktfreudiger, gesundheitsbewusster und sportlich aktiver. Auch für neue Technologien sind sie erstaunlich aufgeschlossen. Laut einer Emnid-Studie aus dem Jahr 2002 surfen immer mehr Menschen über 55 im Internet, jeder Vierte telefoniert mit Handy und immerhin 9 Prozent der Befragten verschicken SMS-Botschaften. Mit mitte 50 stehen viele Menschen mitten im Leben, haben Ausbildungsjahre und oft auch Kindererziehung hinter sich, sind beruflich etabliert und häuslich fest eingerichtet. Vieles ist erreicht worden; so wie es jetzt ist, sollte es am liebsten für immer bleiben. Alt ist man noch lange nicht. Stimmt. Und genau deshalb ist jetzt der ideale Zeitpunkt, um sich in Ruhe über die Zukunft Gedanken zu machen. Denn so, wie es jetzt ist, wird es mit Sicherheit nicht bleiben.

Der Aufbruch in einen neuen Lebensabschnitt bedeutet keineswegs, alles Liebgewonnene über Bord zu werfen und sich aufs Abstellgleis zu begeben. Die Energien, die man als vergleichsweise junger Mensch um die 50 hat, sollte man nutzen, um beizeiten seine Zukunft zu planen. Bei rechtzeitiger Planung können nämlich viele Lebensgewohnheiten erhalten bleiben.

Zentrale Elemente der Lebensqualität älterer Menschen sind weitgehende Selbstständigkeit, soziale Kontakte und die Möglichkeit, bei Bedarf Hilfe und Unterstützung zu bekommen. Die Lebenssituation im Alter verändert sich in erster Linie durch nachlassende körperliche und eventuell auch geistige Kompetenzen. Dadurch wird die Qualität von Wohnung und Wohnumfeld immer wichtiger, denn ältere Menschen verbringen viel Zeit zu Hause. Dennoch brauchen sie keine Sonderwohnform, sondern Wohnung und Umgebung müssen auf die besonderen Bedürfnisse der Senioren abgestimmt sein oder sollten daran angepasst werden. Ganz egal, ob eigene Wohnung, eigenes Haus, Wohngemeinschaften, Wohnanlage oder Seniorenheim: Gute Architektur trägt wesentlich dazu bei, dass ältere Menschen weitgehend eigenständig leben können, physische und emotionale Sicherheit verspüren, sich gut orientieren sowie soziale Kontakte knüpfen oder vertiefen können.

Demografische Entwicklung

Die Lebenserwartung der Menschen steigt dank der Fortschritte in der Medizin kontinuierlich an. Im Jahr 2050 wird sie sich bei Frauen auf 84 Jahre und bei Männern auf 78 Jahre erhöht haben. Diese positive Entwicklung hat jedoch auch eine Kehrseite. Nach Berechnungen der UNO wird es bis zum Jahr 2050 doppelt so viele ältere wie jüngere Menschen geben, die Alterspyramide der Weltbevölkerung wird sich zu einem »Alterspilz« verkehren. Die Sozialsysteme können diese Belastungen nicht mehr auffangen, die Altersarmut wird stark zunehmen. Gab es 1950 noch etwa doppelt so viele Menschen unter 20 als Menschen über 60, wird in 50 Jahren jeder Dritte über 60 sein. Das Durchschnittsalter wird dann bei etwa 54 Jahren liegen. Dafür ist nicht nur die gestiegene Lebenserwartung verantwortlich, sondern auch sinkende Geburtenraten.

Bereits seit Mitte der 70er Jahre bekommt im statistischen Mittel jede Frau nur noch 1,3 Kinder. Dadurch nimmt die Zahl der zukünftigen Erwerbstätigen nicht im gleichen Maße zu wie die Zahl der zukünftigen Rentner. Außerdem hat das aktuelle Verhältnis zwischen Geburten- und Sterberate zur Folge, dass ab dem Jahr 2020 die Bevölkerung in Deutschland um jährlich ein Prozent zurückgehen wird. Diese Entwicklungen – Rückgang und Überalterung der Bevölkerung – führen zu gesellschaftlichen Problemen und letztlich zum Zusammenbruch des vor knapp 150 Jahren eingeführten Rentensystems, das auf dem Generationenvertrag beruht. Immer weniger Erwerbstätige müssen für immer mehr Rentner aufkommen, und das immer länger. Rechnet man dies auf das Jahr 2050 hoch, müsste jeder Erwerbstätige einen Rentner finanzieren.

Im September 2002 trafen sich 500 Delegierte aus 50 Staaten zu einer UNO-Konferenz in Berlin, um auf der Grundlage des so genannten Welt-Altenplans der UNO Maßnahmen gegen den sich abzeichnenden Generationenkonflikt zu besprechen. Sie einigten sich auf verbindliche Richtlinien, mit deren Hilfe die Probleme der immer älter werdenden Gesellschaft bewältigt werden sollen. Als wesentliche Punkte wurden herausgestellt, dass ältere Menschen besser in die jeweiligen Gesellschaften integriert werden und die sozialen Systeme der Altersabsicherung an den demografischen Wandel angepasst werden sollen. Die Arbeitsmärkte müssen auf die Folgen dieses Wandels reagieren und der Zusammenhalt zwischen den Generationen muss gefestigt werden. Dazu gehört auch, betreuende und pflegende Familienangehörige zu unterstützen und die Möglichkeiten der älteren Menschen, am gesellschaftlichen Leben teilzuhaben, zu stärken.

Rentendiskussion

In Deutschland schlägt sich das Thema der immer älter werdenden Bevölkerung zurzeit besonders in der Rentendiskussion nieder. Die deutsche Altersvorsorge basiert auf dem »Drei-Säulen-System«: die staatliche, die private und die betriebliche Vorsorge. Die größte Einkommensquelle älterer Menschen ist dabei die staatliche Rentenversicherung. Da diese umlagenfinanziert ist – das heißt die junge Generation bezahlt mit ihren Beiträgen die Rente der älteren Generation – und es immer mehr ältere Menschen gibt, wird es in Zukunft drastische Einschnitte bei der Rentenversicherung geben. Um diese drohende Versorgungslücke zu schließen und gleichzeitig die derzeitigen Beitragssätze relativ stabil zu halten, möchte der Gesetzgeber, dass jeder freiwillig eine gewisse Eigenverantwortung übernimmt und zusätzlich privat vorsorgt. Diese private Vorsorge wird jetzt vom Staat in Form der so genannten Riester-Rente aktiv gefördert. Das bedeutet, private Kapitalanlagen können in Form einer lebenslangen Rente oder als Einmalbetrag plus Zinsen wieder ausgezahlt werden, und zwar mit höheren Renditen als bei der staatlichen Vorsorge. Jeder, der in der gesetzlichen

Rentenversicherung pflichtversichert ist, kann die neue Förderung in Anspruch nehmen.

Am 1. Januar 2003 ist das Grundsicherungsgesetz (GSiG) in Kraft getreten. Durch die so genannte bedarfsorientierte Grundsicherung – eine eigenständige und beitragsunabhängige Leistung – soll bei unzureichenden eigenen Einkünften unter anderem der Grundbedarf für den Lebensunterhalt im Alter gedeckt werden. Anders als bei der Sozialhilfe wird bei der Grundsicherung nicht auf die Einkünfte der eigenen Kinder zurückgegriffen, was es den älteren Menschen erleichtern soll, diese Leistung in Anspruch zu nehmen.

Mehr zum Thema Rentenversicherung und Grundsicherung findet man im Internet:

www.bfa.de (Bundesversicherungsanstalt für Angestellte)

www.bma.de (Bundesministerium für Arbeit und Sozialordnung)

www.riesterrenten-forum.de

Auswirkungen der demografischen Entwicklung auf die Wohnformen älterer Menschen

Gegen Ende des 19. Jahrhunderts wurde die Betreuung älterer Menschen besonders im ländlichen Bereich häufig durch die Großfamilie geleistet. Der enorme Vorteil der Versorgung durch die Familie im Alter geht jedoch zunehmend zu Lasten der Individualität jedes Einzelnen, da durch die gestiegene Lebenserwartung das Zusammenleben der Generationen länger als noch vor 100 Jahren andauert. Viele junge Leute, vor allem auch junge Familien möchten heute ihr Leben zunehmend nach eigenen Vorstellungen gestalten und ihren ganz eigenen Wohnbereich haben.

Auch ältere Menschen möchten immer häufiger möglichst lange unabhängig und selbstständig wohnen. Der wachsenden Zahl von Single-Haushalten oder solchen mit Kleinfamilien steht daher eine immer größer werden-de Zahl von allein lebenden älteren Menschen in zu großen Wohnungen oder Häusern gegenüber.

Viele Menschen sind heute bis ins hohe Alter vital, geistig rege, kontaktfreudig und informationsinteressiert. Dem über 60-Jährigen steht heute – bedingt durch das Wirtschaftswunder nach dem Krieg – Kapital zur Verfügung wie keiner Generation zuvor. Daraus ergeben sich ganz neue Bedürfnisse. Heutige Senioren möchten ihr Leben individuell gestalten, sie wollen Kontakte knüpfen und reisen und auch auf kulturelle Anregungen keinesfalls verzichten und viele können dies auch, sowohl was ihre Gesundheit als auch was ihre finanziellen Möglichkeiten betrifft. Diese Bedürfnisse stellen zwangsläufig neue Anforderungen an Wohnform und Wohnumfeld. Daher muss bei der Planung und Gestaltung von Wohnraum und dem dazugehörigen Umfeld diesen neuen Bedürfnissen der älteren Generation Rechnung getragen werden.

Die Finanzierung genau prüfen

Bevor man sich für eine bestimmte Wohnform entscheidet, sollten die eigenen finanziellen Mittel realistisch beurteilt werden. Hier muss man genau prüfen, welche monatlichen Einnahmen und Rücklagen zur Finanzierung zur Verfügung stehen. Denn neben der reinen Miete oder dem Kaufpreis können noch Grundleistungen bei eventueller Betreuung oder im Lauf der Zeit Kosten für zusätzliche Leistungen, wie zum Beispiel die Bereitstellung von Mahlzeiten anfallen. Gerade beim Betreuten Wohnen und bei Seniorenresidenzen unterscheiden sich die Angebote oft erheblich im Preis, ohne dass deutliche Qualitätsunterschiede erkennbar wären. Ein genauer Vergleich der Angebote und sämtlicher Zusatzleistungen ist sehr zu empfehlen. Manche Menschen haben Anspruch auf finanzielle Zuschüsse. Günstige Mietwohnungen bekommt, wer einen Wohnberechtigungsschein hat. Auch gibt es unter Umständen Wohnungsgeld. Auskunft hierüber erteilt das örtliche Wohnungsamt. Diese Leistungen, auch die der Pflegekasse, stehen grundsätzlich auch Bewohnern des Betreuten Wohnens zu. Genaueres hierzu ist beim Sozialamt und den Krankenkassen oder beim Betreuungsservice der einzelnen Wohnanlagen zu erfragen. Wählt man eine Wohnform mit Betreuungsangebot, sollte der Vertrag sorgfältig durchgelesen werden, um die Kosten, die auf einen zukommen, möglichst genau abschätzen zu können. Idealerweise besteht der Vertrag aus zwei voneinander unabhängigen Teilen, in denen gesondert das Mietverhältnis und die Betreuungs- bzw. Serviceleistungen festgelegt sind. Dies ist außerdem übersichtlicher und erleichtert das Vergleichen verschiedener Angebote. Auch beim altengerechten Umbau einer Miet- oder Eigentumswohnung oder eines Hauses gibt es verschiedene Möglichkeiten für finanzielle Zuschüsse, zum Beispiel durch Kranken- oder Pflegekassen. Ausführliche Informationen hierzu erhält man beim Kuratorium Deutsche Altershilfe, dessen Adresse im Anhang genannt wird.

Wichtige Merkmale der Wohnumgebung

Mit zunehmendem Alter verbringen viele Menschen immer mehr Zeit zu Hause. Damit sie sich dort wohl fühlen können, müssen Wohnung und Umfeld gut geplant werden. Hier sind die Ansprüche allerdings individuell sehr verschieden. Während manche Leute gerne viele Menschen um sich haben und Geselligkeit schätzen, ziehen andere Ruhe und Abgeschiedenheit vor. Die einen möchten ihre gewohnte Umgebung nicht missen, andere möchten gerne etwas Neues ausprobieren und entscheiden sich für ein Wohnumfeld, das neue Anregungen bietet, vielleicht durch eine Mischung von verschiedenen sozialen Gruppen oder von Jung und Alt.

Das passende Wohnumfeld ist auch deshalb so wichtig, weil davon abhängt, inwieweit ein älterer Mensch sich unabhängig von fremder Hilfe selbst versorgen kann. Damit er möglichst lange selbstständig den Alltag bewäl-

tigen kann, sollten sowohl Einkaufsmöglichkeiten als auch kulturelle Angebote in erreichbarer Nähe sein. Ideal ist es, wenn Cafés, Läden, Banken, Frisöre und so weiter im Umkreis von etwa 500 Metern angesiedelt sind. Ist dies nicht der Fall, sollte eine regelmäßige öffentliche Verkehrsanbindung vorhanden sein. Sehr günstig für ältere Menschen ist daher die zentrale Lage der Wohnung innerhalb eines Ortes oder einer Stadt. Doch nicht nur die infrastrukturellen Einrichtungen sollten gut erreichbar sein, auch nahe Erholungsflächen wie Grünanlagen erhöhen die Lebensqualität.

Jedem Menschen gibt ein gut funktionierendes soziales Netz emotionale Stabilität. Für ältere Menschen trifft dies in besonders hohem Maße zu. Gerade im Alter, wenn die Mobilität nachlässt und man somit nicht mehr so viel »unter die Leute kommt«, wenn die eigene Familie möglicherweise weit weg wohnt und die einen oder anderen Freunde und Bekannte bereits gestorben sind, wird es immer wichtiger, bestehende Kontakte zu pflegen oder auch neue Kontakte zu knüpfen. Auch hier spielt die Infrastruktur des Umfelds eine wichtige Rolle. Ist es leicht möglich, auch ohne eigenes Auto Besuche zu machen? Wo gibt es Plätze für zwanglose Treffen wie zum Beispiel ein Café oder ein Park? Wo kann man neue Kontakte knüpfen? Besonders für Menschen, die alleine in einer eigenen Wohnung leben, sind diese Aspekte sehr wichtig. Eine gute Einrichtung sind zum Beispiel die Altenservice-Zentren in den Städten, die nicht nur Begegnungen ermöglichen, sondern auch Beratung und meist auch einen Mittagstisch bieten.

Die Meinung darüber, wie betagte Menschen optimal wohnen, hat sich im Laufe der Jahre stark verändert. Altenwohnungen und Seniorenheime oder -residenzen als möglichst großen Komplex an den Stadtrand zu bauen gilt nicht mehr als erstrebenswert. Vielmehr wird heute die Einbindung kleiner, überschaubarer Wohneinheiten in gewachsene dörfliche oder städtische Strukturen

Der Verzicht auf Barrieren hilft mobil zu bleiben.
Linke Seite: Bad mit schwellenloser Dusche

Rechte Seite: schwellenloser Hauseingang (links); gerade Treppe mit beidseitigem Handlauf (Mitte); Treppe mit integrierter Rampe (USA, rechts)

favorisiert. Die differenzierten Wegenetze, die vielen Orientierungspunkte und die ambulanten Einrichtungen vor Ort erleichtern älteren Menschen hier ganz erheblich den Alltag. Doch hohe Bodenpreise und die geringe Anzahl von geeigneten Grundstücken erschweren die bauliche Planung in diese Richtung. Städte und Gemeinden sind hier gefragt, nach Möglichkeit Flächen für diesen gestiegenen Wohnbedarf auszuweisen.

Wichtige Merkmale einer altersgerechten Wohnung

Eine Wohnung, die auf die Bedürfnisse älterer Menschen zugeschnitten ist, sollte bestimmte Kriterien erfüllen. Barrierefreiheit ist dabei ein zentrales Thema und wird im nächsten Abschnitt sowie im Anhang genauer behandelt. Wichtige Merkmale einer altengerechten Wohnung betreffen außerdem den Grundriss sowie die Art der Belichtung.

Ein guter Grundriss zeichnet sich durch eine sinnvolle Zuordnung der einzelnen Räume zueinander aus und ermöglicht kurze Wege innerhalb der Wohnung. So sollte zum Beispiel die Küche entweder Platz für einen Esstisch bieten oder direkt an das Wohn- oder Esszimmer grenzen, sodass Geschirr nicht unnötig weit herumgetragen werden muss. Die einzelnen Räume sollten variable Nutzungen ermöglichen und gut möblierbar sein. Bei einem Zwei-Personen-Haushalt ist es günstig, getrennte Schlafmöglichkeiten vorzusehen. Eine Blickverbindung zwischen Wohn- und Schlafraum verhindert das Gefühl der Isolation bei Bettlägerigkeit.

Küche und Bad sollten an die Bedürfnisse bei nachlassender Rüstigkeit angepasst werden können und durch ihre Ausstattung häufig vorkommende Schwächen kompensieren. Im Bad ist besonders eine schwellenfreie Dusche und viel Bewegungsfläche wichtig. Es grenzt idealerweise ans Schlafzimmer, um nächtliche Wanderungen durch die Wohnung zu vermeiden.

Ein Balkon oder eine Terrasse ermöglichen es, sich an der frischen Luft aufzuhalten, gerade wenn man – auch vorübergehend – in seiner Bewegungsfreiheit eingeschränkt ist.

Die Wohnung sollte hell sein und viel Sonne hereinlassen. Sonnenlicht hebt die Stimmung und beugt Depressionen vor. Süd- oder Westorientierung der Wohnung sowie große Fenster sind daher ideal. Die künstliche Beleuchtung muss gut durchdacht sein. Die Räume sollten bei Bedarf überall hell auszuleuchten sein, jedoch auch gemütliche punktuelle Beleuchtung erlauben. »Dunkle« Ecken und damit Stolperstellen sind gefährlich. Auch mit der künstlichen Beleuchtung kann man Stimmungstiefs lindern. Lampen mit deutlich erhöhter Leuchtkraft bewähren sich beispielsweise ganz besonders zur Steigerung des Wohlbefindens von demenzkranken Menschen.

Barrierefrei Bauen und Wohnen

Barrierefrei Bauen heißt im Wesentlichen, sowohl bei der Erschließung als auch beim Ausbau eines Wohnhauses auf Hindernisse zu verzichten, Schwellen und Stufen zu vermeiden oder durch Rampen und Lifte zu ergänzen sowie für eine ausreichende Bewegungsfläche in den Wohnräumen zu sorgen. Die stufenlose Vertikalerschließung ist dabei am wichtigsten, denn was nützt eine schön gestaltete Wohnung, wenn man sie nicht mehr alleine verlassen kann?

Hinter dem Begriff »barrierefrei« verbirgt sich die DIN-Norm 18025 Teil 1 und Teil 2 »Barrierefreie Wohnungen« (Teil 1 bezieht sich auf die besonderen Bedürfnisse von Rollstuhlfahrern), die keine eingeführte technische Richtlinie darstellt, sondern nur Empfehlungscharakter hat. Sie befasst sich mit den Wohnbedürfnissen von Menschen allen Alters – ob Kleinkind oder Greis, ob behindert oder nichtbehindert. Die Menschen sollen, je nach Bedürfnis und wirtschaftlichen Verhältnissen, die zu

ihnen passende Wohnform finden können, die deshalb idealerweise ohne irgendwelche Hindernisse gestaltet ist. Wenn von vornherein unter dem Aspekt Barrierefreiheit eine Wohnanlage oder ein Haus gebaut wird, entsteht kein erhöhter Flächenbedarf und es bedarf keines unüblichen Wohnungstyps. Dadurch entstehen hierdurch auch keine Mehrkosten. Anders beim barrierefreien Bauen ausschließlich für Rollstuhlbenutzer nach DIN 18025 Teil 1: Hier ist mit einem Flächenmehrbedarf von 8 bis 15 Prozent zu rechnen.

Vom barrierefreien Bauen profitieren grundsätzlich alle Menschen – ältere wie besonders kleine oder große Menschen, Rollstuhlfahrer, Seh- oder Gehbehinderte wie auch Blinde, kleine Kinder, Eltern mit Kinderwagen aber auch junge und gesunde Menschen, die durch Unfall bzw. Krankheit vorübergehende Behinderungen erleiden. Und jeder von ihnen wird irgendwann einmal auch alt. Schwellen, Treppen, enge Türstöcke, hoch liegende Briefkästen und dergleichen mehr sind für in irgendeiner Form körperlich eingeschränkte Leute echte Hindernisse, die nicht immer zu bewältigen sind. Hilfe von außen wird dann oft unumgänglich, worunter die Selbstständigkeit massiv leidet. Barrierefreie Bauten hingegen ermöglichen ein Zusammenleben aller Mitglieder der Gesellschaft. Im dritten Lebensabschnitt muss man sehr wahrscheinlich mit gewissen körperlichen Einschränkungen rechnen. Das heißt nicht gleich, im Rollstuhl zu sitzen. Beschwerlichkeiten beim Gehen sind jedoch eine häufige Altersbegleiterscheinung und da kann jede noch so kleine Schwelle zu einer Herausforderung werden. Idealerweise ist daher der Wohnraum für ältere Menschen sowohl individuell gestaltet als auch barrierefrei erschlossen und ausgebaut.

Um für sich selbst die passende Wohnform zu finden, muss vor der individuellen Planung eine genaue Bestandsaufnahme der aktuellen persönlichen Situation sowie der Wünsche für die zukünftige Art zu leben und zu wohnen erfolgen. Dafür ist es hilfreich, eine Checkliste anzufertigen. Umfangreiche Listen dieser Art findet man beispielsweise in den Ratgebern der Verbraucherzentralen, die im Anhang genannt werden. Diese Vorgehensweise ist wichtig, um langfristig die richtige Entscheidung zu treffen und später als älterer Mensch zufrieden und so eigenständig wie möglich sein Leben gestalten zu können.

Ob man seine eigene Wohnung altersgerecht und barrierefrei umgestaltet, ob man sein Einfamilienhaus durch einen kleinen Anbau ergänzt, ob man in eine Wohnanlage mit oder ohne Betreuung einzieht, sich für ein Seniorenwohnheim entscheidet oder sich einer Wohngemeinschaft anschließt – die Möglichkeiten, im Alter zufrieden und geborgen zu wohnen, sind so vielfältig wie nie zuvor.

In diesem Buch werden beispielhafte Wohnmodelle in Deutschland, Österreich und der Schweiz sowie im südlichen Ausland für die ältere Generation vorgestellt: vom Wohnen auf einem idyllischen Bauernhof bis zur Seniorenresidenz in einer Großstadt, vom »Austragshaus« im Garten bis zu einer selbst gegründeten Wohngemeinschaft, von einem reinen Frauenwohnprojekt bis zu einem Mehrgenerationenhaus sowie verschiedene Wohnanlagen mit Betreuung. Auch beispielhafte Pflegeeinrichtungen sowie Wohnmöglichkeiten für Menschen mit Alzheimer-Demenz werden besprochen und vervollständigen die breite Palette der Wohn- und Lebensmöglichkeiten im Alter.

So unterschiedlich diese Wohnbeispiele sind, so unterschiedlich sind auch ihre Bewohner. Ihnen allen gemeinsam ist jedoch, dass sie eine Wohnform gefunden haben, die ihren individuellen Bedürfnissen gerecht wird und ihren Vorstellungen von unbeschwertem Wohnen im Alter entspricht.

Seniorenresidenzen

Seniorenresidenzen haben einen hotelähnlichen Charakter. Sie unterscheiden sich von Altenheimen in der Art der Ausstattung, der Angebote und dem Grad der Individualität. In einer Seniorenresidenz, oft auch Seniorenstift genannt, leben ältere Menschen völlig selbstständig in ihrer selbst eingerichteten Wohnung, sie können jedoch je nach Bedarf Serviceleistungen des Hauses in Anspruch nehmen. Die Bewohner bezahlen keine Miete, sondern einen Pensionspreis, in dem ein umfassendes Dienstleistungspaket, das normalerweise auch die Wohnungsreinigung und eine warme Mahlzeit pro Tag enthält, inbegriffen ist. Neben einem hohen Maß an Privatheit bestehen vielfältige Möglichkeiten, am Gemeinschaftsleben teilzunehmen. Geistige und körperliche Aktivitäten werden in einer Seniorenresidenz meist in vielfältiger Form angeboten, den Bewohnern stehen hochwertige Gemeinschaftseinrichtungen sowie ein umfangreiches Veranstaltungs- und Kulturangebot zur Verfügung.

Ob selbstständiges Kochen in der eigenen Küche, Teilnahme an gemeinschaftlichen Mahlzeiten im Speisesaal beziehungsweise Restaurant oder die Anlieferung eines fertigen Menüs in die Wohnung – jeder kann sich aussuchen, wie viel Gemeinschaft oder auch Betreuung er für sich in Anspruch nehmen und inwieweit er für sich bleiben möchte. In den meisten Seniorenresidenzen ist die Möglichkeit der Pflege durch einen hauseigenen ambulanten Pflegedienst gegeben, bei schwerer Pflegebedürftigkeit ist allerdings der Umzug auf eine Pflegestation oder in ein Pflegeheim nötig.

Vorteile
– Selbstständiges Wohnen bei weitgehender Entlastung bei der Hausarbeit
– Vielfältige kulturelle Angebote
– Gute Kontaktmöglichkeiten zu den Mitbewohnern
– Läden, Ärzte und Wellness-Bereich meist im Haus
– Ansprechpartner rund um die Uhr verfügbar

Mögliche Nachteile
– Ausschließlich ältere und alte Nachbarn
– Vorgegebener Rahmen des Wohnkonzepts durch den Anbieter
– Nach innen orientierte Wohnform, da vieles im Haus angeboten wird

Wohnstift Augustinum, Hamburg

Lage und Ausgangssituation

Als markanter Blickfang am Hamburger Museumshafen Oevelgönne stand bis vor wenigen Jahren das 1926 errichtete Kühlhaus der englischen Firma Union. Dieser durch umlaufende Betonstreifen gegliederte würfelförmige Backsteinbau mit seinen gezackten Attikaelementen diente im alten Preußen den Schiffskapitänen als wichtiger Orientierungspunkt und wurde später unter Denkmalschutz gestellt. Seit den 70er Jahren stand er vor dem Hintergrund des brachliegenden Hafengeländes leer. Das damalige Abbruchareal mit angrenzenden Flüchtlingsunterkünften in Form schwimmender Pontons zählt mittlerweile zu den vornehmsten Gegenden Hamburgs. In Gestalt und Größe dem alten Kühlhaus beinahe gleich thront heute an dessen Stelle über der Elbe das Wohnstift Augustinum, eine Stadtanlage der gehobenen Kategorie für die Generation ab 60.

Durch die relativ zentrale Lage – Bushaltestelle und Schiffsanleger sind nur wenige Schritte entfernt – ist man in 10 Minuten in Hamburg-Altona bzw. an den Landungsbrücken. Die Bewohner können dadurch aktiv am gesellschaftlichen städtischen Leben teilnehmen. Gleichzeitig wohnen sie ruhig am Wasser und können von ihren Apartments aus die Spaziergänger am angrenzenden Elbuferweg oder die vorbeifahrenden Schiffe beobachten.

Architektonisches Konzept

Der Hamburger Architekt Professor Volkwin Marg hatte zunächst die Idee, in dem alten Baukörper ein Hotel unterzubringen. Das Collegium Augustinum, das in ganz Deutschland insgesamt 21 Wohnstifte betreibt, überzeugte ihn jedoch, ein Wohnstift einzurichten. Der Entwurf für das Hotel ließ sich relativ leicht abwandeln, aus ein oder mehreren zusammengelegten Hotelzimmern wurden insgesamt 149 unterschiedlich große Wohneinheiten. Der Gebäudekern mit den Liften und Versorgungseinrichtungen konnte beibehalten werden.

Es stellte sich jedoch heraus, dass der Zustand der alten Bausubstanz keinen Umbau zuließ, unter anderem, da die Geschosshöhe zu niedrig war, um die im Wohnungsbau geforderte lichte Mindestraumhöhe einhalten zu können. Die Lösung war ein so genannter virtueller Umbau: Das Haus wurde komplett abgerissen, der Neubau entsprach in Volumen und Erscheinungsbild genau dem alten würfelförmigen Kühlhaus. So wurde der Bestandschutz im Altbau gewahrt. Neu ist die

Der würfelförmige Baukörper entspricht in Volumen und Erscheinungsbild fast genau dem alten Kühlhaus aus dem Jahr 1926.

Fassadengliederung und ein Außenlift, der zum Restaurant unter der Dachkuppel führt.

Der Baukörper des 1994 eröffneten Wohnstifts steht direkt an der Elbe und somit außerhalb der Flutschutzzone. Da Wohnhäuser in Hamburg entweder innerhalb eines Polders oder oberhalb der Hochwassermarke stehen müssen, war hier eine technische Lösung gefragt. Der Architekt sah für die Erdgeschosszone Flutschutzklappen vor, die im geschlossenen Zustand das Eindringen von Wasser zuverlässig verhindern. Die baulich vorgeschriebene Möglichkeit der Evakuierung im Katastrophenfall ist durch einen Flutschutztunnel gegeben, der vom Kellergeschoss bis zum sicheren Polder oberhalb des Elbufers führt.

Sämtliche Wohneinheiten sind um den zentralen Gebäudekern herum angeordnet.

Ein umlaufender Flur, von beiden Seiten des mittigen Treppenhauses aus zugänglich, erschließt auf kurzem Weg die Apartments. Die warmen Farbtöne des rötlich-braunen Teppichbodens und der Wohnungstüren aus Eichenholz sorgen für eine angenehme Atmosphäre. Entlang beider Flurwände angebrachte Handläufe sind denjenigen, die Beschwerlichkeiten beim Gehen haben, eine wertvolle Hilfe. Da der Bestandschutz im Altbau niedrige Raumhöhen erforderte, griff der Architekt zu einem räumlichen Kunstgriff: Er streckte optisch den Erschließungsbereich nach oben, indem er die Flure von je zwei Etagen zusammenfasste und Galerien einzog, sodass ein luftiger und großzügiger Raumeindruck entsteht.

Die 1- bis 3-Zimmer-Wohnungen in der Größe von 31 bis 100 Quadratmetern sind –

Das Augustinum steht direkt an der Elbe. Vorbeifahrende Schiffe bieten den Bewohnern stets wechselnde Ausblicke.

Rechte Seite: Unter der 8 Meter hohen Glaskuppel im 13. Stock befindet sich das den Bewohnern vorbehaltene Restaurant. Von hier aus hat man einen fantastischen Panoramablick über Elbe und Hamburger Hafen.

Seite 18: Die Flure von je zwei Etagen wurden mithilfe von Galerien räumlich zusammengefasst, wodurch ein großzügiger Raumeindruck entsteht.

bedingt durch ihre Anordnung im Gebäudegrundriss – nach allen vier Himmelsrichtungen orientiert, mit ringsum attraktiven Ausblicken: nach Osten Richtung Landungsbrücken über den Hafen, nach Süden über den Industriehafen auf die Köhlbrandbrücke und nach Westen auf den Elbstrand. Die vorbeifahrenden Schiffe sorgen für ein ständig wechselndes Panoramabild. Die Nordseite ist zum dichtbewachsenen Geesthang mit Blick ins Grüne orientiert. An der Nordseite gibt es zusätzlich Erker, die für ein wenig Abend- und Morgensonne sorgen.

Balkone wurden nicht vorgesehen, denn durch den hohen Winddruck in dieser Lage wären sie für ältere Menschen nur bedingt nutzbar. Dafür wurden französische Fenster eingebaut, die fast bis zum Boden reichen und außen mit einem Geländer gesichert sind. Dadurch sind die Wohnungen lichtdurchflutet und der Ausblick ist auch bei Bettlägerigkeit uneingeschränkt möglich. Anfänglich angelegte Wintergärten wurden von vielen Bewohnern allerdings nicht angenommen, da sie zu ungewohnt waren. Die Glastrennwand wurde daher bei den meisten Wohnungen wieder entfernt und der ursprüngliche Wintergarten dem Wohnraum zugeschlagen. Die in einen Einbauschrank integrierte Kochnische wird im Allgemeinen nur zum Zubereiten von Getränken oder einem kleinen Imbiss benötigt.

Das 12. Stockwerk ist als Staffelgeschoss mit Terrassen ausgebildet. Auch im Erdgeschoss gibt es auf der Südseite eine Terrasse mit Strandkörben, die bei gutem Wetter von den Bewohnern genutzt wird.

Wohnkonzept

Im Augustinum leben die Menschen eigenständig in selbst eingerichteten Apartments. Alltagspflichten wie die Reinigung der Wohnung und der Fenster sowie das Zubereiten einer warmen Mahlzeit werden ihnen jedoch abgenommen, denn diese Leistungen sind im Preis inbegriffen. Das Mittagessen – alternativ Frühstück oder Abendessen – werden im Restaurant serviert. Über einen beidseitig zu öffnenden Einbauschrank neben der Wohnungstüre werden den Bewohnern die Post zugestellt und auf Wunsch die Mahlzeiten in die Wohnung geliefert.

Zusätzlich können umfangreiche Serviceleistungen in Anspruch genommen werden. Diese werden aufwandsbezogen abgerechnet. Dazu gehören unter anderem die übrigen Mahlzeiten im Restaurant, das Ausrichten privater Feiern, die Bereitstellung eines Gästezimmers sowie individuelle Leistungen im Bereich Hauswirtschaft, Sozialbetreuung und Pflege. Im Krankheitsfall oder bei leichter Pflegebedürftigkeit werden die Bewohner von Fachkräften im eigenen Apartment individuell versorgt und können so in ihrer gewohnten Umgebung bleiben. Frisör, Lebensmittelladen und Arzt befinden sich im Haus, im Keller stehen Schwimmbad, Sauna und ein Raum für Physiotherapie zur Verfügung.

Jeder Bewohner kann so viel Individualität oder so viel Gemeinschaft pflegen wie er möchte. Zahlreiche Gemeinschaftsräume, unter anderem ein Theaterraum für 200 Personen, ein Andachtsraum, ein Clubraum und eine Bibliothek bieten die Möglichkeit zu Geselligkeit und Kommunikation. Eine große Küche für die Bewirtung von Gästen steht ebenfalls zur Verfügung. Kulturelle Veranstaltungen werden regelmäßig vom Wohnstift organisiert und finden größtenteils im Haus statt.

Besonderheit

Absoluter Höhepunkt – im wahrsten Sinn des Wortes – ist das im 13. Stock gelegene Restaurant unter der einschaligen Stahlglaskuppel. Sie bietet hoch oben mit einem Durchmesser von 24 Metern und einer Höhe von 8 Metern einen atemberaubenden Rundumblick über die Elbe. Das Restaurant – vom *Stern* kurz nach seiner Eröffnung als »der schönste Speisesaal Deutschlands« bezeichnet – war eine Zeit lang nachmittags und

abends über den gläsernen Außenlift auch der Öffentlichkeit zugänglich. Doch der Andrang war dermaßen groß, dass sich die betagten Bewohner des Stifts in dem Trubel nicht mehr wohl fühlten. Möglicherweise findet sich in Zukunft ein organisatorisches Konzept, um den gelegentlichen öffentlichen Restaurantbetrieb wieder zu ermöglichen. Wer einmal unter dieser Kuppel stand, wird den Ausblick nicht mehr vergessen.

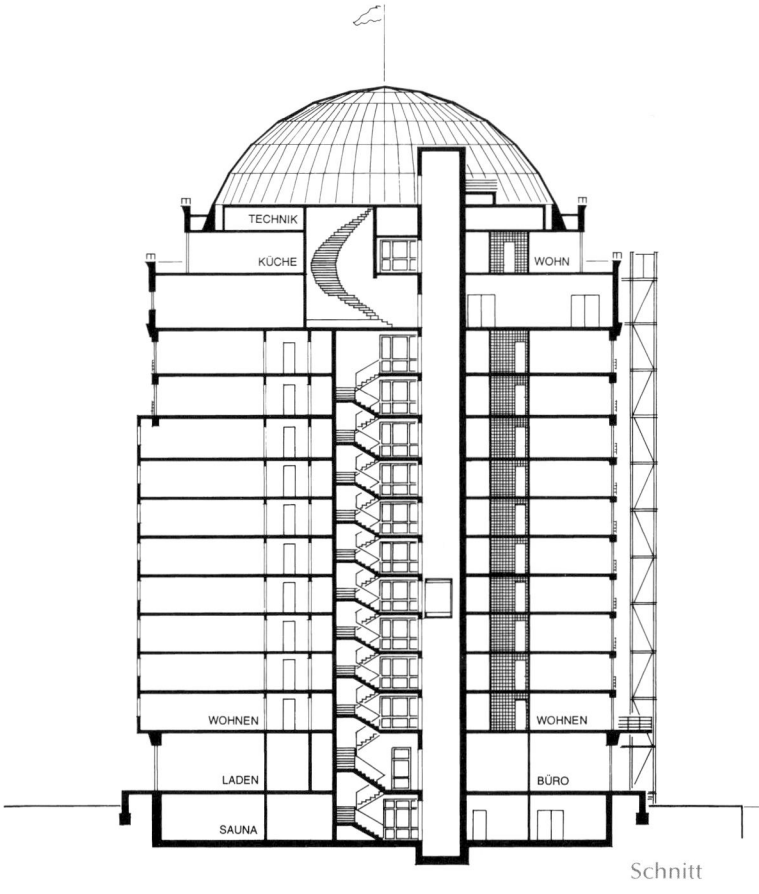

Schnitt

WOHNUNGSANZAHL
149
PREISE
Pensionspreis: 1833 € bis 4496 € pro Monat warm inkl. Nebenkosten, Mittagessen und diversen hauswirtschaftlichen Leistungen
SERVICE
variiert je nach Leistung
STELLPLÄTZE
Stellplatz wird separat abgerechnet, Besucherparkplätze vorhanden
SERVICE-ANGEBOT
unter anderem: 24 Stunden besetzter Empfang, Restaurant, Apartmentreinigung, Verpflegung, Wäsche-Service, Postservice, kulturelle Angebote, Krankengymnastik, hauswirtschaftliche, soziale und pflegerische Leistungen, Krankenpflege

ANSCHRIFT
Augustinum Wohnstift Hamburg
Neumühlen 37
22763 Hamburg
Tel: 0 40-3 91 94-0
Fax: 0 40-3 91 94-4 40
E-mail: hamburg@augustinum.de

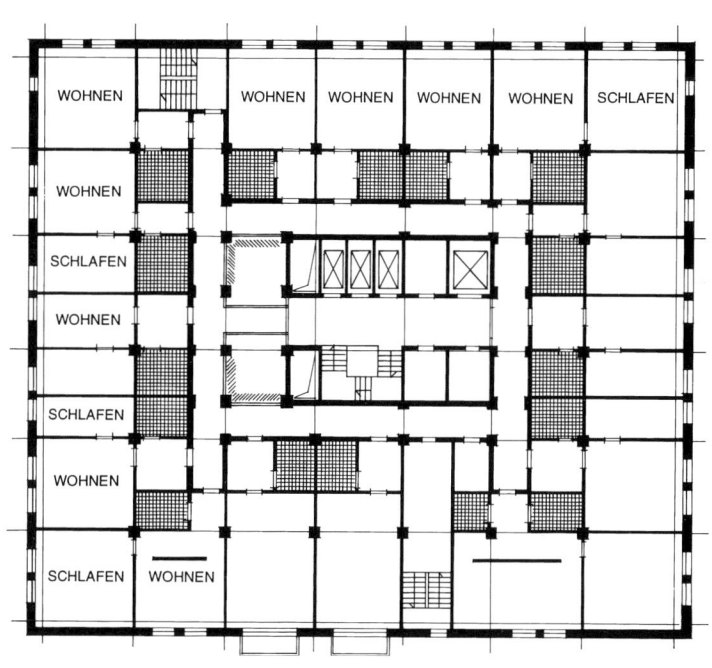

Grundriss Normalgeschoss

Wohnstift Augustinum, Hamburg   19

Seeresidenz Seeshaupt

Lage und Ausgangssituation

Direkt an der Südspitze des Starnberger Sees liegt im Zentrum des Ortes Seeshaupt auf einer Anhöhe die Seeresidenz Alte Post, eine Mischanlage aus Seniorenstift, öffentlichem Restaurant und kleinem Hotel. Die exklusive Lage – der Blick reicht nach Norden über den See und nach Süden bis zur Alpenkette – wusste schon König Ludwig II. von Bayern zu schätzen, der gerne in die bereits damals existierende »Alte Post« einkehrte. Hier trank er auch, so sagt man, ein letztes Glas Wasser unmittelbar bevor er in Leoni in den See ging und ertrank.

Architektonisches Konzept

Die Seeresidenz besteht aus zwei Gebäudekomplexen. Über dem Ufer thront das historische Gebäude des ehemaligen Hotels »Alte Post« mit dem 1910 errichteten und unter Denkmalschutz stehenden Festsaal. Das weiß verputzte Bauwerk mit den Rundbogenfenstern und kleinen Dachgauben – es beherbergt ein Hotel mit elf Zimmern und ein Res-

taurant – stand zwischen 1970 und 1990 leer. Im Jahre 2001 wurde es restauriert und durch moderne Wohngebäude für Senioren ergänzt.

Die drei in U-Form angeordneten Neubauten mit insgesamt 135 1- bis 3-Zimmer-Apartments in der Größe von 34 bis 119 Quadratmeter sind miteinander verbunden und umschließen eine zum See hin offene Parkanlage. Mit ihren roten Satteldächern und den Dachgauben fügen sie sich nicht nur harmonisch ins Ortsbild ein, sondern greifen auch das Erscheinungsbild des historischen Gebäudes der »Alten Post« auf. Die öffentlichen Bereiche der Anlage wurden von den Innenarchitektinnen Eva von Levetzow und Sandra Reiter gestaltet.

Im Hauptgebäude sind ebenerdig die Rezeption, das öffentliche Restaurant mit Seeterrasse, ein Wintergarten sowie ein Kaminzimmer mit Bibliothek untergebracht. Der Veranstaltungssaal grenzt an das Gebäude an. Er ist im Jugendstil errichtet und bietet Platz für 110 Personen. In den Obergeschossen über dem Festsaal befinden sich die Hotelzimmer.

Der Wellness-Bereich im Untergeschoss mit Schwimmbad, Sauna, Dampfbad und kassenzugelassener Praxis steht sowohl den Bewohnern der Residenz als auch den Hotelgästen zur Verfügung. Von hier aus erreicht man über den »Galeriegang« die Wohnanlage. Dieser Verbindungsflur ist als Rampe mit leichtem Gefälle ausgebildet. Farbliche Akzente an den Decken und Wänden, hohe schlanke Stehleuchten sowie moderne filzbezogene Sitzbänke, die als kleine Rastplätze dienen, schaffen eine einladende Atmo-

Blick vom Balkon einer Wohnung über den Starnberger See

sphäre. Namhafte Künstler stellen hier im Wechsel ihre Werke aus – ein einfacher Erschließungsbereich wird so zu einer attraktiven Galerie.

Die funktionalen Wohnungsgrundrisse zeichnen sich durch kleine Verkehrsflächen aus. Einige Wohnungen im Dachgeschoss sind etwas unkonventioneller geschnitten, sie haben beispielsweise eine Galerie und einen offenen Wohnraum mit integrierter Küchenzeile. Sieht man einmal von den Galerien in diesen Wohnungen ab, ist die gesamte Anlage inklusive Hotel barrierefrei ausgebaut. Zu jeder Wohnung gehört eine Einbauküche und ein Serviceschrank, über den Post, Mahlzeiten oder Wäsche geliefert werden können, ohne dass die Wohnung vom Personal betreten werden muss. Alle Wohnbereiche sind mit Parkettböden aus Buchenholz ausgelegt. Die Fenster sind tief heruntergezogen, was für viel Licht sorgt und den herrlichen Ausblick auf den See oder auf die Berge freigibt. Außen vor den Fenstern liegende Jalousien werden elektrisch betrieben.

Die Erschließungsflure sind hell und freundlich gestaltet, der blaue Teppichboden wirkt vornehm und frisch. Jeder Wohnungstür wird durch ein individuell in Hinterglasmalerei gestaltetes Wohnungsschild eine persönliche Note verliehen.

Die Innenarchitektinnen haben den gesamten Gebäudekomplex in einem einheitlichen Stil eingerichtet. So entspricht das Foyer der Wohnanlage mit den Leuchten von Ingo Maurer in Ausstattung und Ambiente ganz der Empfangshalle von Hotel und Restaurant. Die Möbel aus heller und dunkler Eiche sowie die bequemen Sessel mit Filzbezügen finden sogar im Restaurant Verwendung. Die von den Innenarchitektinnen entworfenen Sessel sind ergonomisch geformt und etwas höher als üblich, um den älteren Bewohnern das Aufstehen zu erleichtern. Nur kleine gestalterische Unterschiede

Die Luftaufnahme zeigt links die U-förmige Wohnanlage und rechts davon das kleinere historische Gebäude mit Festsaal und Hotel

Das Foyer der Wohn-
anlage mit den Ingo-
Maurer-Leuchten
entspricht im Stil
der Empfangshalle
von Hotel und
Restaurant.

zeigen, in welchem Bereich man sich gerade befindet – beispielsweise sind die Orien-
tierungsschilder im Hotel rot, im Wohnbereich dagegen bunt angelegt. Auch beim
Pflegestützpunkt im Erdgeschoss des mittleren Gebäudeteils wird die elegante Gestaltung des Empfangs- und Hotelbereichs wieder aufgegriffen. Hier sorgen unter anderem
blaue Teppichböden in den Fluren für ein

frisches Ambiente. Die hellen Pflegewoh-
nungen sind mit Parkettböden ausgelegt. Nur
die breite Schiebetür zum Schlafzimmer
sowie die Ausstattung des Bades – z.B. mit
einem geneigten Spiegel – verraten, dass es
sich hier um Wohnungen handelt, die für
pflegebedürftige Bewohner gestaltet wurden.
    Im Souterrain befindet sich der Kreativ-
bereich mit einer großen gemütlichen Wohn-

Zeitlose Eleganz
prägt die von den
Innenarchitektinnen
gestalteten Hotel-
zimmer.

küche und angrenzenden Gemeinschaftsräumen. Dieser kommunikative Treffpunkt wird gerne genutzt, nicht nur zum gemeinsamen Basteln, Backen oder Handarbeiten, sondern auch einfach nur zum Teetrinken und Zusammensein. Die Wandbehänge und sonstigen Dekorationen wurden von den Bewohnern selbst angefertigt.

Von der Terrasse aus erreicht man gefahrlos über einen unterirdischen, durch Aufzug erschlossenen Verbindungsgang das zur Residenz gehörende Seegrundstück.

Wohnkonzept

In der Seeresidenz Alte Post leben die Senioren – zurzeit im Alter von 59 bis 92 Jahren – selbstständig in eigenen Wohnungen, können jedoch jederzeit auf Hilfeleistungen bis hin zur Rundum-Versorgung durch Fachpersonal zurückgreifen. Selbst bei Pflegebedürftigkeit der Stufe 3 ist ein Verbleiben in der Anlage möglich. Das Mittagsmenü und auf Wunsch auch die übrigen Mahlzeiten werden den Residenzbewohnern im öffentlichen Restaurant oder per Zimmerservice angeboten. Die rund um die Uhr besetzte Rezeption ist sowohl für die Hotelgäste als auch für die Residenzbewohner zuständig. Von hier aus kann nicht nur der Bedarf an verschiedenen Serviceleistungen angemeldet werden, sondern es werden auch Reservierungen beispielsweise für Konzerte vorgenommen, Fahrgelegenheiten organisiert oder Briefe entgegengenommen.

Kulturelle Vielfalt ist ein Schwerpunkt des Konzepts der Seeresidenz. Im historischen Festsaal finden regelmäßig Konzerte, Lesungen, Kabarett-Abende oder auch Ausstellungen statt. Diese Veranstaltungen sind öffentlich und haben regen Zulauf. Auch für private Feiern wie Hochzeiten oder Jubiläen wird der Festsaal gerne genutzt. Die nähere und weitere Umgebung von Seeshaupt bietet attraktive Ausflugsziele, wie zum Beispiel das nahe Buchheim-Museum in Bernried, das Naturschutzgebiet rund um die Oster-

seen, im Süden die Zugspitze und die bayerischen Königsschlösser sowie im Norden die etwa 50 Kilometer entfernte Stadt München. Die Seeresidenz bietet regelmäßige Fahrten mit dem Bus zu einem dieser und vieler anderer Ziele an.

Zur Sicherheit der Bewohner sind die

Sitzgruppe im Kaminzimmer der Bibliothek. Die bequemen Sessel erleichtern durch Form und Höhe das Aufstehen.

Der unterirdische Verbindungsgang wird durch hohe Stehleuchten, Sitzbänke und eine Wechselausstellung von Kunstwerken zur attraktiven Galerie.

Der Jugendstil-Festsaal wird für unterschiedlichste öffentliche und private Veranstaltungen genutzt.

Das zum See hin großflächig verglaste Foyer von Hotel und Restaurant

unterirdischen Gänge videoüberwacht. Ein mobiles Notrufsystem, bei dem jeder Bewohner über einen in der Tasche mitgeführten »Funkfinger« Hilfe anfordern kann, ergänzt die in sämtlichen Apartments und Hotelzimmern installierten Notrufknöpfe.

Besonderheit

In der Seeresidenz gehen durch die homogene Innenraumgestaltung öffentliche und private Bereiche unmerklich ineinander über. Durch den Restaurant- und Hotelbetrieb sowie durch die öffentlichen Veranstaltungen kommen die Bewohner »unter die Leute« und können vor Ort aktiv am gesellschaftlichen Leben teilnehmen.

Die Seeresidenz Seeshaupt bietet ein elegantes und vornehmes Wohnumfeld in traumhafter Lage für gehobene Ansprüche.

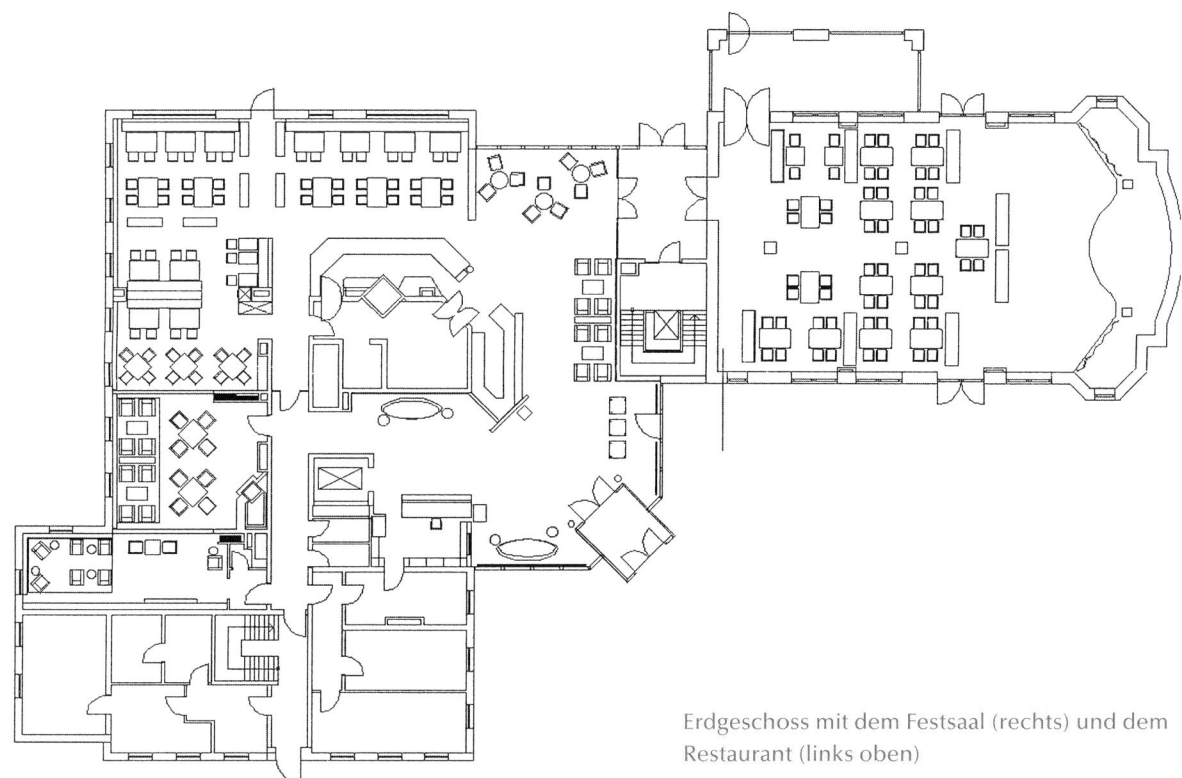

Erdgeschoss mit dem Festsaal (rechts) und dem Restaurant (links oben)

WOHNUNGSANZAHL
135
PREISE
Residenzentgelt durchschnittlich 2 500 €/Monat warm inkl. Nebenkosten, Mittagessen und wöchentlicher Wohnungsreinigung, vorübergehender Krankenpflege sowie kleinerer Sekretariats- und Handwerkerdienste; Zuschlag für eine zweite Person 501 €
ZUSÄTZLICHER SERVICE
Preise variieren je nach Leistung
STELLPLÄTZE
Tiefgarage vorhanden
SERVICE-ANGEBOT
unter anderem: 24 Stunden besetzter Empfang, Restaurant, Apartmentreinigung, Verpflegung, Wäsche-Service, Postservice, kulturelle Angebote, Krankengymnastik, hauswirtschaftliche, soziale und pflegerische Leistungen, Krankenpflege, Vollpflege

ANSCHRIFT
Seeresidenz Alte Post Betriebs-GmbH
Alter Postplatz 1
82402 Seeshaupt
Tel: 0 88 01-9 14-0
Fax: 0 88 01-91 32 10
E-mail: info@seeresidenz-alte-post.de
www.seeresidenz-alte-post.de

Grundriss einer 2-Zimmer-Wohnung

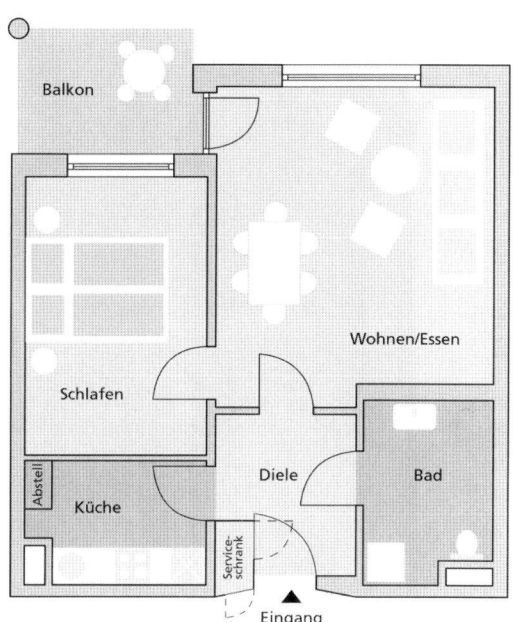

Seniorenheime – Seniorenwohnhäuser

Viele Menschen verbinden mit dem Begriff »Seniorenheim« oder »Altersheim« abgeschoben zu werden und zum »alten Eisen« zu gehören. Doch seit den ersten Altersheimen der 40er und 50er Jahre des vergangenen Jahrhunderts, die durchaus den Charakter reiner Aufbewahrungsorte aufwiesen, hat sich viel geändert.

Seniorenheime fassen – im Gegensatz zu Wohnanlagen – kleine Wohneinheiten in einem Haus zusammen. Sie bieten Unterkunft, volle Verpflegung und Betreuung für Menschen, die keinen eigenen Haushalt mehr führen möchten oder können, jedoch noch nicht pflegebedürftig sind. Derartig versorgt, können die häufig noch rüstigen Bewohner ihr Alter in Gemeinschaft genießen. Gemeinschaftliches und doch weitgehend selbstbestimmtes Wohnen in einem Seniorenheim wird allerdings immer seltener, denn mit der zunehmenden Lebenserwartung steigt auch der Anteil der Pflegebedürftigen in Seniorenheimen an. Daran liegt es, dass diese Häuser häufig mit einem Pflegeheim gleichgesetzt werden. Rüstige Senioren suchen sich heutzutage eher auf dem Wohnungsmarkt Alternativen, wie zum Beispiel das Betreute Wohnen oder – bei entsprechenden finanziellen Möglichkeiten – die Seniorenresidenzen. Anders als diese Wohnformen fallen Senioren- und Pflegeheime unter das Heimgesetz, das heißt, sie müssen festgelegten Standards entsprechen, die regelmäßig durch die Heimaufsicht überprüft werden.

Moderne Einrichtungen, die sich häufig auch »Seniorenzentrum« oder »Seniorenwohnhaus« nennen, haben getrennte Wohnbereiche für schwer Pflegebedürftige und rüstigere Bewohner. Im Idealfall sind die entsprechenden Gebäudeabschnitte baulich auf die Bedürfnisse der jeweiligen Bewohner abgestimmt, bieten jedoch auch gemeinschaftlich genutzte Räume oder Kommunikationszonen, in denen sich sämtliche Bewohner sowie meist auch ältere Menschen aus der Nachbarschaft und Angehörige treffen können. Diese räumliche Aufteilung ermöglicht eine optimale Betreuung und Förderung der weniger mobilen Bewohner, während die rüstigeren Bewohner die Vorteile der Versorgung in einem Heim ganz individuell mit Aspekten moderner Lebensführung verbinden und somit täglich neu entscheiden können, wie viel Betreuung und Ansprache sie möchten. Derartig geführte Häuser tragen viel dazu bei, der Isolation im Alter wirksam zu begegnen.

Vorteile
– Rundum-Versorgung
– Geselligkeit
– Individuelle Betreuung

Mögliche Nachteile
– Ausschließlich ältere und alte Mitbewohner
– Meist Zimmer mit Bad anstatt Wohnung

Seniorenwohnhaus St. Nikolaus
in Neumarkt am Wallersee

Lage und Ausgangssituation

In Österreich werden derzeit klassische Altersheime mehr und mehr durch moderne Seniorenwohnhäuser ersetzt, die ihren Bewohnern durch konzeptionelle Offenheit den Anschluss an die Gesellschaft erleichtern möchten.

Ein Beispiel dafür liefert das wie ein eigenes kleines Dorf organisierte, im Jahr 2001 eröffnete Seniorenwohnhaus St. Nikolaus im Ortskern der österreichischen Kleinstadt Neumarkt am Wallersee im Salzburger Land. In ländlicher Umgebung und von viel Grün umgeben, und dennoch zentral gelegen: Die unmittelbare Nähe zum Stadtplatz und zur Kirche lässt die Bewohner zu Fuß alle wichtigen Einrichtungen des täglichen Lebens erreichen, Bus- und Bahnverbindungen sorgen für den Anschluss an das Umland und an die Stadt Salzburg.

Die mit dem Neubau beauftragten Architekten Kada + Wittfeld mit Büro in Aachen gewannen mit ihrem Entwurf den ersten Preis des 1998 von der Gemeinde Neumarkt ausgeschriebenen Wettbewerbs sowie den Architekturpreis des Landes Salzburg 2002.

Architektonisches Konzept

Durch die Beschränkung auf zwei Geschosse und die kleinteilige Gliederung orientiert sich das Haus am Maßstab der umliegenden Wohnbauten. Vier in Ost-West-Richtung orientierte Gebäuderiegel – in Stahlbetonmassivbauweise errichtet und mit horizontalen, auf Lücke montierten Lärchenholzbrettern verkleidet – beherbergen insgesamt 56 Zimmer für 60 Bewohner. Kleine erkerförmige Wintergärten, die allen Zimmern vorgelagert sind, geben der Fassade ihr charakteristisches Erscheinungsbild.

Grundlage des Entwurfskonzepts war, die Wege für das Personal so kurz wie möglich zu halten und dadurch rationelle Arbeitsabläufe zu ermöglichen. Dies führte zu einer kompakten Grundrissgestaltung, bei der eine offene Eingangshalle – zweigeschossig und nach oben hin vollflächig verglast – alle Wohnbereiche miteinander verbindet und erschließt. Dadurch ergab sich eine abwechslungsreiche Folge von Wegen und Plätzen, die durch verschiedene Sitzgruppen aufgelockert werden. Auf einen Empfang oder eine Rezeption – in Österreich in Heimen ohnehin nicht üblich – wurde bewusst verzichtet. Das Haus soll für Besucher und Bewohner offen sein, jeder soll ohne irgendwelche Formalitäten das Haus betreten oder es wieder ver-

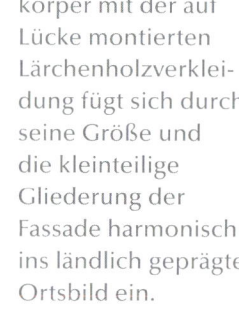

Der moderne Baukörper mit der auf Lücke montierten Lärchenholzverkleidung fügt sich durch seine Größe und die kleinteilige Gliederung der Fassade harmonisch ins ländlich geprägte Ortsbild ein.

lassen können. Auf der dem Eingang gegen-
überliegenden Seite wurde – windgeschützt
zwischen den Gebäuderiegeln – eine große
Terrasse angelegt. Ein weitläufiger beschützender Garten mit altem Obstbaumbestand,
einem als Blumenbeet angelegten Labyrinth
und Sitzbänken kommt auch den demenzkranken Bewohnern zugute.

Die zentrale Halle wurde durch einen
kleinen botanischen Garten zu einer grünen
Oase, um die herum verschiedene Sitzgruppen und eine kleine Cafeteria angeordnet
sind. Hier wird die dörfliche Struktur des
Hauses besonders deutlich: Die »Oase« –
dieser Bereich wird von den Bewohnern tatsächlich so genannt – erfüllt die Funktion

Die vorgelagerten
Wintergärten geben
der Fassade ihr
charakteristisches
Erscheinungsbild.

eines Marktplatzes als zentraler Treffpunkt. Die angrenzende, durch einen schweren roten Stoffvorhang abgeteilte kleine Kapelle vertritt die Dorfkirche, der gegenüberliegende, zum grünen Außenraum vollflächig verglaste Speisesaal das Gasthaus. Den Häusern eines Dorfes entsprechen schließlich die Bewohnerzimmer mit der breiten Sitznische und der Bank vor der Wohnungstür, sprich vor dem »eigenen Haus«.

Die Eingangshalle ist – bedingt durch die Spannweite von 10 Metern und die Brandschutzanforderungen – mit Holzleimbindern überspannt. Darüber wölbt sich ein Glasdach, wodurch der gesamte innen liegende Aufenthalts- und Erschließungsbereich mit den Pflanzen der Oase natürlich belichtet wird.

Eine breite einläufige Treppe führt zusätzlich zu einem Lift von der Oase aus ins Obergeschoss. Hier befindet sich der Bereich

der weniger mobilen und der pflegebedürftigen Bewohner. Die großzügig bemessenen und taghellen Flächen rund um die Treppe werden als Aufenthaltsbereich sowie als eigener Speisesaal genutzt. Ein abgeteilter und im ländlichen Stil möblierter Raum – die so genannte Wohnstube – dient den schwerst Pflegebedürftigen als Rückzugsort, den sie nutzen können, um in aller Ruhe im kleinen Kreis zu essen oder sich zu unterhalten. Auch bettlägerige Bewohner werden mitsamt ihrem Bett hierher gebracht, um sie am gemeinschaftlichen Leben teilhaben zu lassen.

In den innen liegenden Räumen im Obergeschoss sind der Pflegestützpunkt, ein Pflegebad sowie diverse Nebenräume untergebracht. Manche dieser Bereiche werden über runde Dachoberlichter natürlich belichtet. Das Pflegepersonal legt großen Wert darauf, dass keine medizinischen Geräte in den

Zwischen den beiden Gebäuderiegeln liegt der Eingang.

Fluren oder Gemeinschaftsbereichen herum-
stehen, um keine Klinikatmosphäre aufkommen zu lassen.

Den insgesamt vier Erschließungsfluren
wurde jeweils eine eigene Farbe zugeordnet,
die jede der jeweils zwei Zimmern gemeinsame Eingangsnische markiert und die sich
in den Zimmern selbst auf dem Türblatt, der
Schrankoberfläche und den Fliesen im Bad
fortsetzt. Auch etwas desorientierte Bewohner finden sich so im Haus gut zurecht. Die
Möblierung der Zimmer kann mit Ausnah-
men von Bett, Schrank und Tisch individuell
gestaltet werden. Nach außen hin vollflächig
verglaste Flure – im Obergeschoss zusätzlich
mit einem Glasdach versehen – lassen die
Gänge wie große Wintergärten erscheinen.
Das gesamte Haus ist lichtdurchflutet,
gleichzeitig sorgt die auch im gesamten
Innenraum angebrachte auf Lücke montierte

Lärchenholzverschalung für eine warme,
geborgene Atmosphäre.

Wohnkonzept

Die Bewohner im Alter von 47 bis 93 Jahren
leben in modern eingerichteten Zimmern mit
geräumigem Bad. Auf Wunsch wird ihnen
eine kleine Küchenzeile eingebaut, sämtliche
Mahlzeiten werden jedoch auch im Speisesaal angeboten. Rund um die Uhr anwesen-
de Pflegekräfte sorgen für Betreuung und
Hilfe, soweit dies gewünscht wird oder erforderlich ist.

Großer Wert wird auf Kommunikation und
Mobilität gelegt. So wird beispielsweise
nachmittags zum Kaffee in den Speisesaal
gebeten – auch Angehörige sind dabei willkommen –, um die Bewohner aus ihren Zimmern zu locken und zum geselligen Beisam-
mensein zu animieren. Gleichzeitig wird

Rechte Seite: Der lichtdurchflutete Aufenthaltsbereich der pflegebedürftigen Bewohner im Obergeschoss (oben). Die oben und seitlich verglasten Flure wirken wie große Wintergärten. Breite Nischen mit Sitzbänken fassen je zwei Wohnungstüren ein (unten).

auch der Kontakt zur Kleinstadt gefördert, zum Beispiel in Form eines für alle Interessierten organisierten Gratulationsbesuches im Rathaus anlässlich des Geburtstags des Bürgermeisters. Ausflüge ins Umland finden regelmäßig statt, zu deren Teilnahme die Bewohner nachdrücklich eingeladen werden und die sich großer Beliebtheit erfreuen.

Die Küche stellt täglich mehr als 100 Essen bereit, die zum Teil an einen Kindergarten sowie an das »Essen auf Rädern« geliefert werden. Beliebt ist auch das hier »Essen auf Füßen« genannte Angebot, das es Senioren aus dem Ort erlaubt, nach Voranmeldung am Mittagstisch teilzunehmen.

Wichtiger Teil des Betreuungs- und Pflegekonzepts ist die »aktivierende Pflege«, bei der Mobilität und Kreativität gerade auch der pflegebedürftigen Bewohner gezielt gefördert werden. Malkurse, von einer regelmäßig ins Haus kommenden Künstlerin geleitet, führen zu bemerkenswerten Kunstwerken, mit denen die Wände des Hauses dekoriert sind. Eine Besonderheit ist der »Seniorensport« – ein österreichweites Pilotprojekt – bei dem, unterstützt von einem Sportarzt, ein auf Senioren abgestimmtes Krafttraining angeboten wird.

Beliebtes und rege genutztes Kommunikationsgerät ist der so genannte Pinguin im Obergeschoss – ein eigens für die Senioren installierter Computer. Mit Touch-Screen und großen Buttons ausgestattet bietet er nicht nur Gedächtnis- und Geschicklichkeitsspiele, sondern ermöglicht es den Bewohnern, im Internet zu surfen und E-Mails zu verschicken und zu empfangen. Für tägliche Post ist gesorgt: Der Wartungsvertrag der betreuenden Firma schließt das Versenden von E-Mails an die Senioren mit ein. Auch Fotos von den Ausflügen können hier abgerufen und per E-Mail an Angehörige oder Freunde weitergeschickt werden.

Besonderheit

Das Seniorenwohnhaus St. Nikolaus in Neumarkt am Wallersee steht für eine vorbildliche Verbindung von Architektur und Wohnkonzept: Glas und Holz, die vorherrschenden Materialien, verkörpern einen Leitsatz des Hauses: Offenheit nach außen und Geborgenheit nach innen.

ANZAHL DER ZIMMER
52 Einzelzimmer, 4 Doppelzimmer
2 Zimmer für Kurzzeitpflege
KOSTEN
Einzelzimmer 20–26 €/Tag, Pflegesatz variiert
von 7–80 €/Tag
BETREUUNG
Alle Mahlzeiten werden im Speisesaal
angeboten.
Organisierte Veranstaltungen
Aktivierende Pflege
Pflegekräfte rund um die Uhr im Haus
STELLPLÄTZE
Parkplatz vorm Haus

ANSCHRIFT
Seniorenwohnhaus St. Nikolaus
Sparkassenweg 3
5202 Neumarkt am Wallersee
Österreich
Tel: 00 43 (0)62 16-2 03 33-0
Fax: 00 43 (0)62 16-2 03 33-33
E-mail: seniorenhaus@neumarkt.at

Bewohnerzimmer
mit Sitzgruppe
im Wintergarten

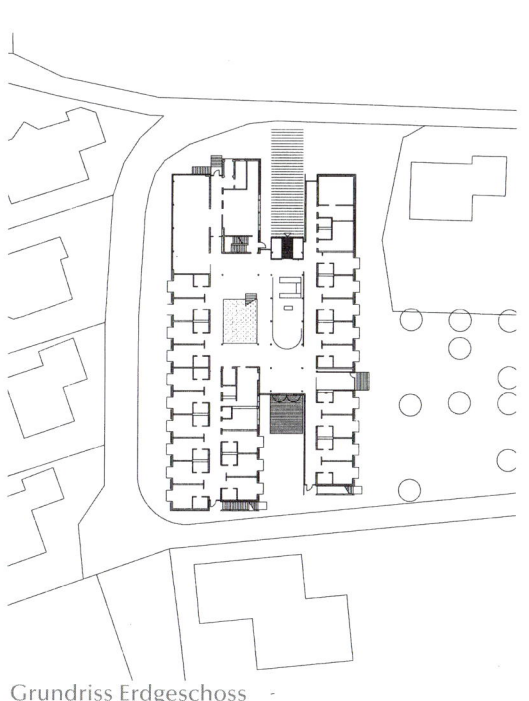

Grundriss Erdgeschoss

Seniorenwohnhaus St. Nikolaus in Neumarkt am Wallersee   33

Seniorenzentrum Burgbreite, Wernigerode

Lage und Ausgangssituation

Seit dem Fall der Mauer im Jahre 1989 sind
eine zunehmende Anzahl alter Plattenbauten
aus DDR-Zeiten sanierungsbedürftig geworden. Vor diesem Problem stand auch die
Gemeinnützige Gesellschaft für Sozialein-
richtungen mbH (GSW), als sie 1995 in Wernigerode in Sachsen-Anhalt ein ehemaliges
Arbeiterwohnheim übernahm, das seit 1978
als Pflege- und Betreuungseinrichtung für
ältere Menschen gedient hatte. Nach umfang-
reicher Sanierung und Erweiterung des
Bettenhauses um einen Neubau entstand im
Jahr 2001 ein modernes Seniorenzentrum,
das ein Pflegeheim, Betreutes Wohnen, eine
Wohngruppe für Demenzkranke und eine
Begegnungsstätte für ältere Bürger des Stadtviertels unter einem Dach vereint.

Das mit dem Um- und Neubau beauftrag-
te Architekturbüro Kauffmann Theilig & Partner ging aus dem 1997 europaweit ausgeschriebenen Wettbewerb mit dem 1. Preis
hervor. Das Projekt wurde zudem vom Land
Sachsen-Anhalt im Wettbewerb »Beispiel-
gebende Lösungen des Stadtumbaus in
Sachsen-Anhalt« mit dem 1. Preis ausgezeichnet.

Architektonisches Konzept

Der vor Jahrzehnten in so genannter Element-
bauweise – eine der Plattenbauweise ähnliche Konstruktionsart – errichtete viergeschos-
sige lineare Altbau wurde durch bauliche
Eingriffe in die Fassade aufgelockert und sein
Erscheinungsbild dadurch stark verändert. In
dem hier untergebrachten Pflegebereich mit
92 Plätzen lassen nun auf der Südseite

bodentiefe Fensterflächen mit einer filigranen
Holzgitterbrüstung davor sowie auf der Nordseite spitz aus der Fassade ragende Erker
nicht nur viel Sonne herein, sondern geben
der Fassade einen völlig neuen Charakter, der
– unterstützt durch die farbliche Gestaltung –
nichts mehr von der ursprünglichen Plattenbauweise erkennen lässt. Ein großflächig verglaster Turm an der Südseite, der sich fächer-
artig aus der Fassade entfaltet, beherbergt
auf jeder Ebene einen Speisesaal und einen
Aufenthaltsraum mit 20 Sitzplätzen. In den
Obergeschossen wird er durch große Son-
nenbalkone ergänzt.

Bindeglied zwischen Alt- und Neubau ist
das Foyer – eine gläserne Halle, die gleichzeitig als Haupteingang, Treffpunkt und Aufenthaltsbereich dient und in der auch diverse Veranstaltungen stattfinden. Von hier aus
wird sowohl der Altbau – das Bettenhaus des
Pflegebereichs – als auch der Neubau mit
dem Pavillon für Demenzkranke, Räumen für
Physiotherapie und einem Trakt für betreutes
Wohnen erschlossen. Die neuen Baukörper
heben sich durch ihre geometrischen Formen
deutlich von den linear-rechtwinkligen Gebäuden ringsum ab – eine Idee der Architekten, um dem Seniorenzentrum inmitten
seiner überwiegend durch Plattenbauten
geprägten Umgebung ein eigenes bauliches
Profil zu verleihen.

Der an eine Hufeisenform erinnernde
Pavillon für Demenzkranke bietet 12 Bewohnern Platz. Um einen bepflanzten Innenhof
führt entlang der Glasfassade ein Rundweg,
der die nach außen orientierten Bewohnerzimmer erschließt und viel Bewegungs-

Seniorenzentrum Burgbreite, Wernigerode   35

freiheit in geschütztem Rahmen bietet – ein wichtiger Aspekt für Demenzkranke, da sie häufig von einer stark ausgeprägten motorischen Unruhe getrieben sind. Der Rundweg beginnt und endet in einem Multifunktionsbereich, der als Aufenthaltsraum, Speisesaal, Bastelbereich und Ort zum Feiern genutzt wird. Hier halten sich die dementen Bewohner besonders gerne auf. Durch die vollflächige Verglasung zum Innenhof ist der Aufenthaltsbereich taghell – auch dies kommt den Bedürfnissen von Demenzkranken entgegen, die zum Wohlbefinden deutlich mehr Licht benötigen als Gesunde. Diese überschaubare Gestaltung des Pavillons vermittelt den Bewohnern das Gefühl von Sicherheit. Ein gegenüber liegendes Pflegedienstzimmer ermöglicht dem Betreuungspersonal einen guten Überblick über den gesamten Pavillon. Direkt ans Foyer im Erdgeschoss schließen die Räume der Begegnungsstätte an. Darüber befindet sich der zweigeschossige Wohntrakt mit acht barrierefreien 2-Zimmer-Wohnungen in der Größe von 45 bis 57 Quadratmetern. Zwei davon können von Paaren, die Übrigen von Einzelpersonen bewohnt werden. Die Wohnungen werden von Osten über

Laubengänge erschlossen – eine übersichtliche und Sicherheit vermittelnde, da einsehbare Art der Erschließung – und sind mit Wohnraum und Balkon nach Westen zum öffentlichen Raum hin orientiert. Die Grundrisse tragen deutlich die Handschrift der Architekten: Schräg verlaufende Wände weiten den Wohnraum zur Westfassade hin auf, sodass er maximal viel Licht erhält. Die Bereiche mit weniger Platzbedarf wie die Küche oder das Schlafzimmer fallen kleiner aus und bieten trotzdem genügend Bewegungsfläche – ein an die Bedürfnisse älterer Menschen optimal angepasster Grundriss. Durch die Ost-West-Orientierung sind die Wohnungen sonnig und lassen sich gut querlüften.

Wohnkonzept

Die Senioren leben in ihren Wohnungen völlig eigenständig. Wenn sie das im Mietpreis enthaltene Betreuungsangebot in Anspruch nehmen, werden sie regelmäßig von Mitarbeitern des Hauses besucht, die sich um Sorgen und Nöte kümmern und bei Behördengängen oder Ähnlichem behilflich sind. Hauswirtschaftliche und pflegerische Dienst-

Aufenthaltsraum im Pflegebereich mit großem Sonnenbalkon.

leistungen werden bei Bedarf vermittelt und individuell abgerechnet. Alle Bewohner können am Mittagstisch im Pflegeheim – der auch Senioren aus dem Stadtviertel offen steht – teilnehmen und ihre Wäsche in der hauseigenen Wäscherei reinigen lassen. Ein in jeder Wohnung installierter Notrufknopf sorgt rund um die Uhr für Sicherheit. Kulturelle Veranstaltungen in der Stadt können bequem mit öffentlichen Verkehrsmitteln erreicht werden, Läden, Arztpraxen, Frisörsalons und ein Postamt befinden sich in unmittelbarer Nähe. Grünanlagen direkt am Haus, das großzügige Foyer und die Begegnungsstätte bieten vor Ort viele Möglichkeiten zum Entspannen oder zum Kontaktknüpfen.

Auch im Pflegebereich wurde darauf Wert gelegt, dass die Bewohner so selbstständig wie möglich leben können. Wichtige Kriterien hierfür sind die Barrierefreiheit und unterstützende Hilfen wie zum Beispiel Handläufe entlang der Flure. Es werden viele gemeinsame Aktivitäten angeboten, Kaffeenachmittage, Gedächtnistraining, Gymnastik, kreatives Gestalten oder gemeinsame Feiern. Ein Kühlschrank auf jedem Zimmer – nicht selbstverständlich in derartigen Einrichtun-

gen – und persönliche Möbel ermöglichen den Bewohnern, sich »in die eigenen vier Wände« zurückzuziehen. So kann jeder seinem individuellen Bedürfnis nach Rückzug oder Teilnahme an der Gemeinschaft nachkommen. Am Tag werden fünf Mahlzeiten, darunter auch Schon- oder Diätkost, angeboten, die gemeinsam im Aufenthaltsraum eingenommen werden. Bei Krankheit oder Bettlägerigkeit werden die Bewohner natürlich individuell auf ihrem Zimmer versorgt.

Bei Festen oder Ausflügen werden die Bewohner aus den drei verschiedenen Wohnbereichen des Seniorenzentrums gleichermaßen mit einbezogen. Heimleiterin Beate Rosenfeld: »So werden mögliche Berührungsängste zwischen unseren rüstigen Bewohnern einerseits und den pflegebedürftigen oder dementen Bewohnern andererseits abgebaut. Auch der gemeinsame Mittagstisch im Pflegebereich trägt dazu bei.«

Ein weiteres Anliegen des Seniorenzentrums ist die Öffnung nach außen zum Stadtviertel hin. Es werden regelmäßige Kontakte zur benachbarten Schule und zur Kindertagesstätte gepflegt. Gemeinsam mit den Schülern werden zum Beispiel Stadtteilfeste orga-

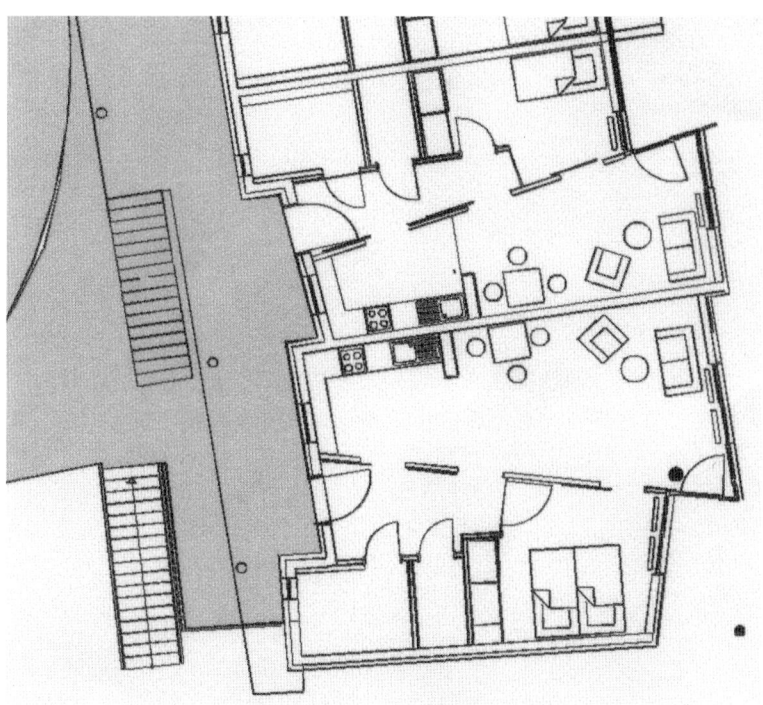

Grundrisse von zwei Seniorenwohnungen.

nisiert, für Bewohnergeburtstage tragen die Kleinen aus dem Kindergarten schon einmal kleine Gedichte oder Lieder vor. Auf diese Weise werden die Senioren in ihr Umfeld eingebunden und generationenübergreifende Kontakte gefördert.

Besonderheit

Das Seniorenzentrum Burgbreite liefert ein Beispiel dafür, wie sich durch kreative architektonische Eingriffe ein gesichtsloser Plattenbau in ein attraktives Gebäudeensemble verwandeln lässt. Dabei entstand ein modernes Seniorenzentrum mit hoher Wohnqualität, das durch seine architektonische Gestaltung den Bewohnern Geborgenheit vermittelt. Die hoch motivierten Mitarbeiter des Hauses legen besonderen Wert auf Kontakte nach innen und außen, um so einer zunehmenden Isolation im Alter wirkungsvoll zu begegnen.

Das Foyer des Haupteingangs dient als Bindeglied zwischen Alt- und Neubau, ist ein beliebter Treffpunkt und kann auch für diverse Veranstaltungen genutzt werden.

ANZAHL DER PFLEGEPLÄTZE
92
ANZAHL DER WOHNUNGEN
8
ANZAHL DER PLÄTZE FÜR DEMENZKRANKE
12
KOSTEN
Wohnungsmiete: zirka 550 €
inkl. Betreuungspaket
SERVICELEISTUNGEN
Mittagstisch und Wäscherei im Haus, sonstige hauswirtschaftliche und pflegerische Leistungen werden vermittelt
STELLPLÄTZE
Parkplätze vorhanden

ANSCHRIFT
Seniorenzentrum Burgbreite Wernigerode
Platz des Friedens 7
38855 Wernigerode

Heimleitung:
Tel: 0 39 43-55 30 91
Pflegedienstleitung:
Tel: 0 39 43-55 30 97
Verwaltung:
Tel: 0 39 43-92 08-0

Die Flure im Pflegebereich werden über Oberlichter zusätzlich belichtet.

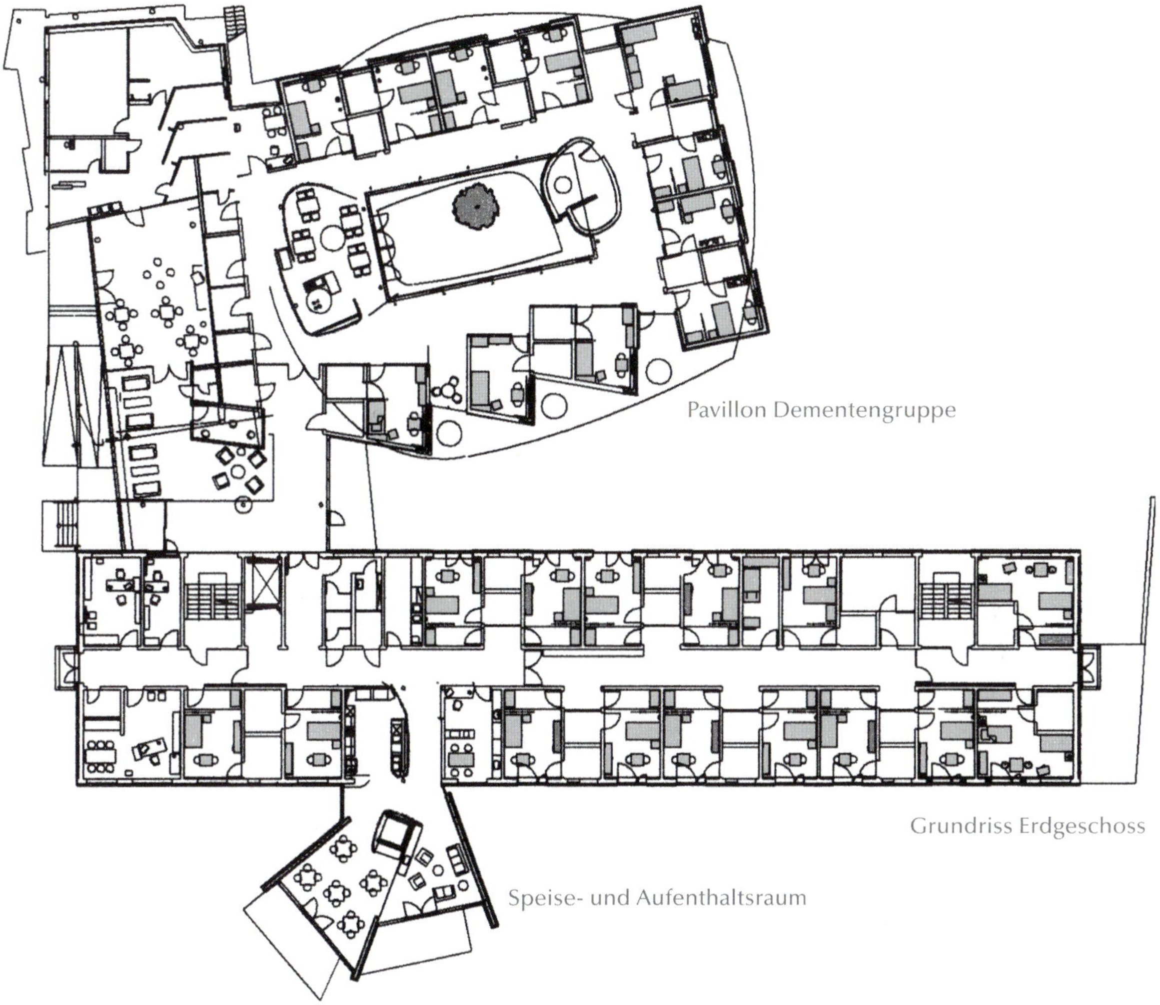

Pflegebereich
Begegnung
Haupteingang
Pflegeheim
Pavillon Dementengruppe
Speise- und Aufenthaltsraum

Grundriss Erdgeschoss

Lageplan

Betreutes Wohnen
Pavillon „Demente"
Foyer
Altenpflegeheim
Turm

Grundrisse der Pflegezimmer,
links Südseite, rechts Nordseite.

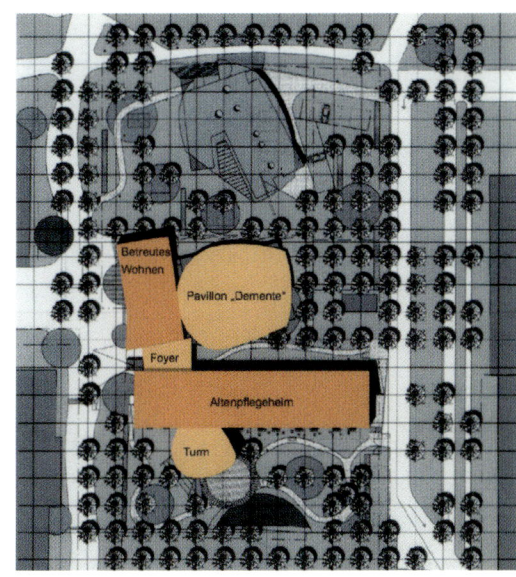

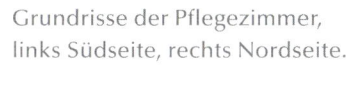

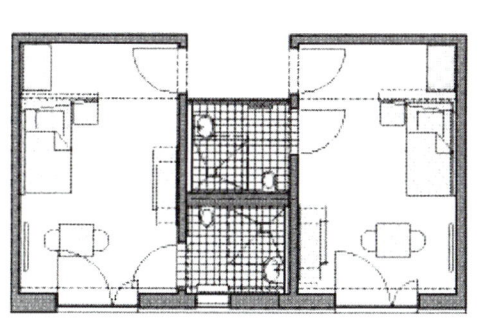

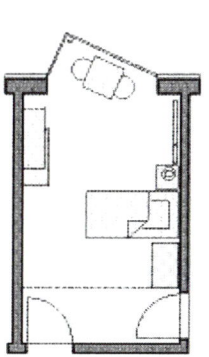

Betreutes Wohnen

Eigenständig in einer altengerechten Wohnung zu leben, jedoch bei Bedarf Hilfe und Unterstützung in Anspruch nehmen zu können – das ist das Prinzip des Betreuten Wohnens. Diese Wohnform wird seit einigen Jahren bei Senioren immer beliebter und das Angebot an eigens hierfür konzipierten, modernen und barrierefreien Wohnanlagen immer größer.

Das Wohnangebot wird mit bestimmten Serviceleistungen kombiniert, für die geschultes Personal sowie Fachpersonal zur Verfügung steht. Die Bewohner können je nach Wunsch oder Notwendigkeit individuelle Hilfe sowie hauswirtschaftliche und pflegerische Dienste in Anspruch nehmen. Dies kann von der Erledigung kleinerer Besorgungen oder der Abwicklung von Behördengängen bis hin zum Kochen, Wäschewaschen, zur Wohnungsreinigung oder der Grundpflege reichen. Die grundlegenden Dienstleistungen werden meistens über eine Betreuungspauschale, zusätzliche Wahlleistungen dagegen individuell abgerechnet.

Der Begriff »Betreutes Wohnen« ist nicht gesetzlich geschützt, sodass verbindliche Qualitätsstandards fehlen. Daher ist die Fülle der Angebote, die solche oder ähnlich klingende Namen tragen – wie zum Beispiel »Wohnen mit Service« oder »Begleitetes Wohnen« – oft verwirrend. Die Unterschiede liegen hauptsächlich in Art und Umfang der angebotenen Serviceleistungen und in der jeweiligen Form der Betreuung. Die Angebote beim Betreuten Wohnen unterscheiden sich oft erheblich im Preis, was sich nicht unbedingt auch in der Qualität niederschlagen muss. Um nicht den Überblick zu verlieren und um die jeweiligen Vor- und Nachteile der einzelnen Wohnanlagen genau beurteilen zu können, empfiehlt es sich, eine genaue Checkliste der eigenen Bedürfnisse anzufertigen und sie mit den angebotenen Serviceleistungen zu vergleichen. Eine gute Hilfe sind hierbei die Ratgeber des Kuratoriums Deutsche Altershilfe sowie der Verbraucherzentralen. Die Adressen hierzu finden sich im Anhang dieses Buches. Bevor man sich für eine Wohnanlage mit Betreuung entscheidet, sollte der Vertrag genauestens durchgelesen werden. Mietvertrag und Betreuungsvertrag sollten möglichst voneinander unabhängig sein. So lassen sich die Kosten besser abschätzen und die einzelnen Angebote leichter miteinander vergleichen.

Beim Preisvergleich sollten neben der Miete und den Grundleistungen der Betreuung auch die im Lauf der Zeit möglicherweise anfallenden Kosten für zusätzlich benötigte Serviceleistungen bedacht werden. Grundsätzlich stehen Bewohnern des Betreuten Wohnens auch Leistungen aus der Pflegekasse zu. Der Betreuungsservice der einzelnen Wohnanlagen sowie die Krankenkassen beraten zu diesen Fragen.

Worauf man bei der Wahl einer Wohnanlage achten sollte

Wenn man sich für eine bestimmte Wohnanlage mit Betreuung näher interessiert, ist es sinnvoll, sich erst einmal einen Überblick über folgende bauliche Aspekte zu verschaffen:

- Genügt die Wohnung in Größe und Zuschnitt in etwa den eigenen Ansprüchen?
- Ist die Besonnung der Wohnung ausreichend?
- Gibt es einen Balkon oder eine Terrasse, die zumindest zeitweise in der Sonne liegt?
- Ist die Küche innen liegend oder natürlich, das heißt über Fenster zu belichten und belüften?
- Gibt es einen Esstisch in der Küche oder einen angrenzenden Essplatz?
- Bietet das Bad ausreichend Bewegungsfläche? Ist die Dusche schwellenfrei?
- Liegt das Bad nahe am Schlafzimmer?
- Ist ein Hausnotruf in der Wohnung vorhanden?

Auch sollte man klären, welche Serviceleistungen zu welchen Zeiten und mit wie viel Personal erbracht werden, was der Hausmeisterdienst leistet, welche Gemeinschaftseinrichtungen vorhanden sind und wie sich das soziale Leben im Haus gestaltet.

Besonders wenn man bis ans Lebensende in einer Betreuten Wohnanlage bleiben möchte und einen weiteren Umzug für sich ausschließt, sollte man genau erfragen, welche später eventuell erforderlichen Pflegeleistungen zum Serviceangebot gehören. Wichtig ist auch zu wissen, wie es mit der Versorgung im Krankheitsfall aussieht.

Wohnanlagen mit Betreuungsangeboten gibt es in ganz verschiedenen Größen. Gerade wenn man selbstständig wohnen kann und möchte, ist einem die Privatsphäre besonders wichtig. Andererseits kann die Gemeinschaft mit Gleichgesinnten sehr anregend sein. Kleine Anlagen mit bis zu 20 Wohneinheiten ermöglichen engere Kontakte unter den Bewohnern, erschweren jedoch die individuelle Abgrenzung. Sehr große Anlagen mit über 80 Wohnungen können leicht anonym wirken, bieten jedoch häufig viel Platz für gemeinschaftliche Bereiche.

Die Anlagen sowie die Wohnungen sind im Allgemeinen barrierefrei gestaltet – im günstigsten Fall nach DIN 18025 Teil I/II. Dieser Begriff ist jedoch nicht gesetzlich geschützt, die DIN-Norm stellt nur eine empfohlene Richtlinie dar. Es ist daher sinnvoll, sich selbst ein Urteil zu bilden und die infrage kommende Wohnung sowie die gesamte Wohnanlage im Hinblick auf Barrierefreiheit zu prüfen. Entsprechende Kriterien hierzu finden sich im Anhang dieses Buches. Da Betreutes Wohnen nicht unter das Heimgesetz fällt, gibt es keine festgelegten Qualitätsstandards und -kontrollen. Daher ist es nötig, sich vor Vertragsabschluss sehr genau zu informieren, damit nicht später enttäuschte Erwartungen das unbeschwerte Wohnen beeinträchtigen.

Vorteile

– Altengerecht gestaltete Wohnungen
– Sicherheit durch Hilfs- und Serviceleistungen vor Ort
– Ein architektonisch meist modernes Umfeld
– Gute Kontaktmöglichkeiten zu anderen Bewohnern

Mögliche Nachteile

– Fehlende Qualitätsstandards
– Überwiegend ältere Nachbarn, Anregungen jüngerer Generationen fehlen weitgehend
– Gelegentlich unseriöse Anbieter auf dem Markt

Internet-Tipp

www.betreut-wohnen.de
www.vz-nrw.de/doc1041A.html

Seniorenzentrum Herbertingen

Lage und Ausgangssituation

In Herbertingen auf der Schwäbischen Alb, einer Kleinstadt mit etwa 4600 Einwohnern, entstand im Jahr 1997 ein Seniorenzentrum. Es umfasst 30 Apartments im Betreuten Wohnen sowie ein Pflegeheim als Einrichtung der Caritas mit 25 Plätzen und einer Begegnungsstätte für alle Generationen. Die Lage mitten im Ort sowie der offene Charakter der Anlage fördert die Kommunikation zwischen den hier lebenden Senioren und den Anwohnern ringsum und stärkt so den Ortskern. Die Stuttgarter Architekten Hans Schlude und Karl Ströhle gewannen mit diesem Projekt den ersten Preis des 1992 ausgeschriebenen Architektenwettbewerbs.

Architektonisches Konzept

Die komplett barrierefrei gestaltete dreigeschossige Anlage besteht aus vier locker angeordneten länglichen Baukörpern. Das Pflegeheim und das vordere Wohnhaus (Haus A) fassen einen zum Ortskern hin offenen Platz ein. Die ersten beiden Wohnhäuser (Haus A

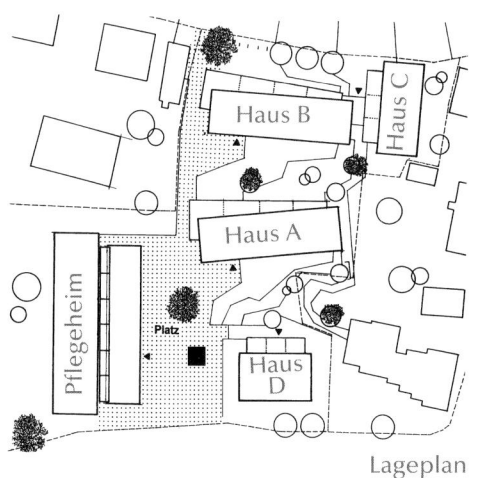

Lageplan

und B) folgen durch ihre leicht gedrehte Ausrichtung der städtebaulichen Struktur der Umgebung. Das dritte Apartmenthaus (Haus C) ist über einen Verbindungsgang mit Haus B verbunden und bildet den Abschluss der Anlage nach Osten. Haus D ist Bestand, der erweitert wurde und öffentliche Therapieeinrichtungen enthält.

Die Wohnungen der beiden Häuser A und B werden über großflächig, jedoch nicht vollständig verglaste Laubengänge im Norden erschlossen. Diese Laubengänge sind im Eingangsbereich aufgeweitet und werden dann immer schmäler. Hierdurch verstärken sie optisch die Drehung der Gebäude im Grundstück und es entstanden unterschiedlich große Vorbereiche, die zu den hinteren Wohnungen hin einen immer privateren Charakter annehmen. Die Teilverglasung bietet einen gewissen Schutz vor der Witterung. Da derartige Laubengänge nicht als geschlossene Erschließungsräume gelten, dürfen sie möbliert werden. Auf diese Art ergeben sich natürlich belichtete und individuell gestaltete Aufenthaltsbereiche, die das Bewegungsverhalten der Bewohner im Haus beeinflussen und die Kommunikation fördern. Lamellenartig vor dem Glas angeordnete Holzlatten bieten einen gewissen Blickschutz und verstärken die Privatsphäre.

Gegeneinander versetzte Dächer – Flachdächer über den Laubengängen und ziegelgedeckte Pultdächer über den Wohnungen – ermöglichen räumliche Verzahnungen, die sich aus den schräg zueinander versetzten Gebäudeabschnitten der einzelnen Häuser ergeben. Diese ruhige und zugleich pfiffige

Dachlandschaft fördert die harmonische Einbindung der gesamten Anlage ins Ortsbild. Die Querschalung in Teilbereichen der obersten Geschosse soll die Gebäudehöhe optisch verringern und die Fassade gliedern.

Die Grundrisse der hellen 42 bis 64 Quadratmeter großen 1- und 2-Zimmer-Wohnungen kommen wegen der funktionalen Zuordnung der einzelnen Raumbereiche besonders den Bedürfnissen älterer Menschen entgegen. An mindestens zwei gegenüber liegenden Seiten wurden Fenster vorgesehen, was eine Querlüftung der Wohnung ermöglicht. Alle Wohnräume sind nach Süden und/oder nach Westen orientiert, Bäder und Küchen sind natürlich belichtet und belüftet und mit Türen ausgestattet, die nach außen öffnen. Zu jedem Apartment gehört entweder ein Balkon oder eine Terrasse.

Das Pflegeheim besteht aus zwei unterschiedlich hohen Baukörpern mit Pultdä-chern, zwischen denen sich der seitlich und oben verglaste und somit taghelle Erschließungsbereich erstreckt. Das Dachoberlicht zieht sich wie ein Lichtband durch das gesamte Gebäude und führt an den seitlich angeordneten Treppenhäusern wieder nach unten. Da der obere Flur als Galerie mit Verbindungsstegen zu den Zimmern ausgebildet ist, fällt das Licht auch in den ersten Stock. Akustikdecken vermindern die Schallübertragung von Etage zu Etage und bieten gleichzeitig eine angenehme Deckenuntersicht.

Im Erdgeschoss ist neben Therapie- und Personalräumen die Küche sowie ein öffentliches Café mit abgeteiltem Mehrzweckraum untergebracht, der auch für soziale Veranstaltungen und private Feiern vermietet wird. Dieser zum zentralen Platz hin vollflächig verglaste und einladend gestaltete Bereich dient als generationenübergreifende Begegnungsstätte.

Die Wohnanlage bildet zusammen mit dem Pflegeheim und dem Begegnungszentrum einen zum Ortskern hin offenen Platz, der Treffen zwischen Bewohnern und Nachbarn im Ort fördert.

Im oberen Gemeinschaftsraum des Pflegeheims lässt das Glasband, das sich von der Fassade übers Dach fortsetzt, viel Tageslicht herein.

Im ersten und zweiten Stock befindet sich je eine kleine, überschaubare Pflegestation für jeweils 12 Bewohner. Der geräumige Aufenthaltsbereich mit großem überdachtem Balkon, blaue Linoleumböden, hellen Holzmöbeln und viel Licht lassen den gesamten Pflegebereich freundlich und sehr wohnlich wirken. Der mittige, sehr helle Flur dient besonders den Demenzkranken als Bewegungsfläche mit kleinen »Inseln« der Abwechslung, wie zum Beispiel ein Frisiertisch mit großem Spiegel und eine rege frequentierte »Haltestelle« mit Sitzbank und Busfahrplan am Ende des Flurs. Ein einfacher, aber wirkungsvoller Trick, um Verwirrte am Weglaufen durch die unverschlossene Fluchttüre zu hindern: Ein Bäumchen in einem großen Pflanzkübel auf Rollen vor der Tür genügt, damit diese von den Kranken nicht mehr wahrgenommen wird. Das üppige Grün betont zudem die lockere Raumatmosphäre und kann vom Personal bei Bedarf rasch zur Seite gerollt werden.

Die geräumigen Pflegezimmer haben nur 60 Zentimeter hohe Fensterbrüstungen – so können auch Rollstuhlfahrer bequem hinaus schauen.

Wohnkonzept

In den 30 modernen Miet- beziehungsweise Eigentumswohnungen leben die Bewohner völlig selbstständig. Die teilverglasten Laubengänge bieten viele Möglichkeiten zur Kommunikation, sie werden von den Bewohnern zum Beispiel mit Sitzbänken oder Pflanzen individuell gestaltet. Bei Bedarf können hauswirtschaftliche oder pflegerische Dienste in Anspruch genommen werden. Die jeweiligen Dienstleistungsträger – Nachbarschaftshilfe oder Sozialstation im Ort – werden vom Pflegeheim vermittelt. Jede Wohnung verfügt über eine Notrufanlage, die ans Pflegeheim angeschlossen ist, welches wiederum über einen unterirdischen Gang mit den Wohnhäusern verbunden ist. Mahlzeiten können auf Wunsch bestellt und im Café der Begegnungsstätte serviert werden. Der Verein Offene Altenhilfe e.V., der sein Büro im Erdgeschoss des Pflegeheims hat, organisiert Ausflüge und gemeinsame Unternehmungen. Die Begegnungsstätte des Pflegeheims ist mittlerweile ein beliebter Treffpunkt für Jung und Alt geworden – hier werden unter anderem auch Taufen und Hochzeiten gefeiert.

Der Anteil der Demenzkranken auf den beiden Pflegestationen liegt bei etwa 60 Prozent. Daher wird von Pflegemitarbeitern mit gerontopsychiatrischer Zusatzausbildung eine intensive Betreuung angeboten. Die demenzkranken Bewohner werden auch bei Bettlägerigkeit am Morgen angezogen. Persönliche Ansprache, gemeinsame Aktivitäten im Aufenthaltsraum und gemeinsame Mahlzeiten sind täglicher Bestandteil der Pflege. Ziel ist ein würdevolles Leben der Demenzkranken in der Gemeinschaft, die Betreuungsleistungen richten sich nach den individuellen Bedürfnissen des Einzelnen.

Besonderheit

Das Seniorenzentrum Herbertingen bietet eine ganzheitliche Kombination von unabhängigem Wohnen, Pflegeheim und generationenübergreifender Begegnungsstätte – ein gelungenes Beispiel dafür, wie moderne Architektur zur Integration von Senioren in eine gewachsene ländliche Ortsstruktur beitragen kann.

Oben: Auf der Rückseite der Seniorenwohnungen bieten Holzlamellen vor der Verglasung der Laubengänge Sichtschutz und lockern die Fassade auf.
Links: Vom Balkon des Pflegeheims hat man einen guten Überblick über das Geschehen auf dem zentralen Platz.

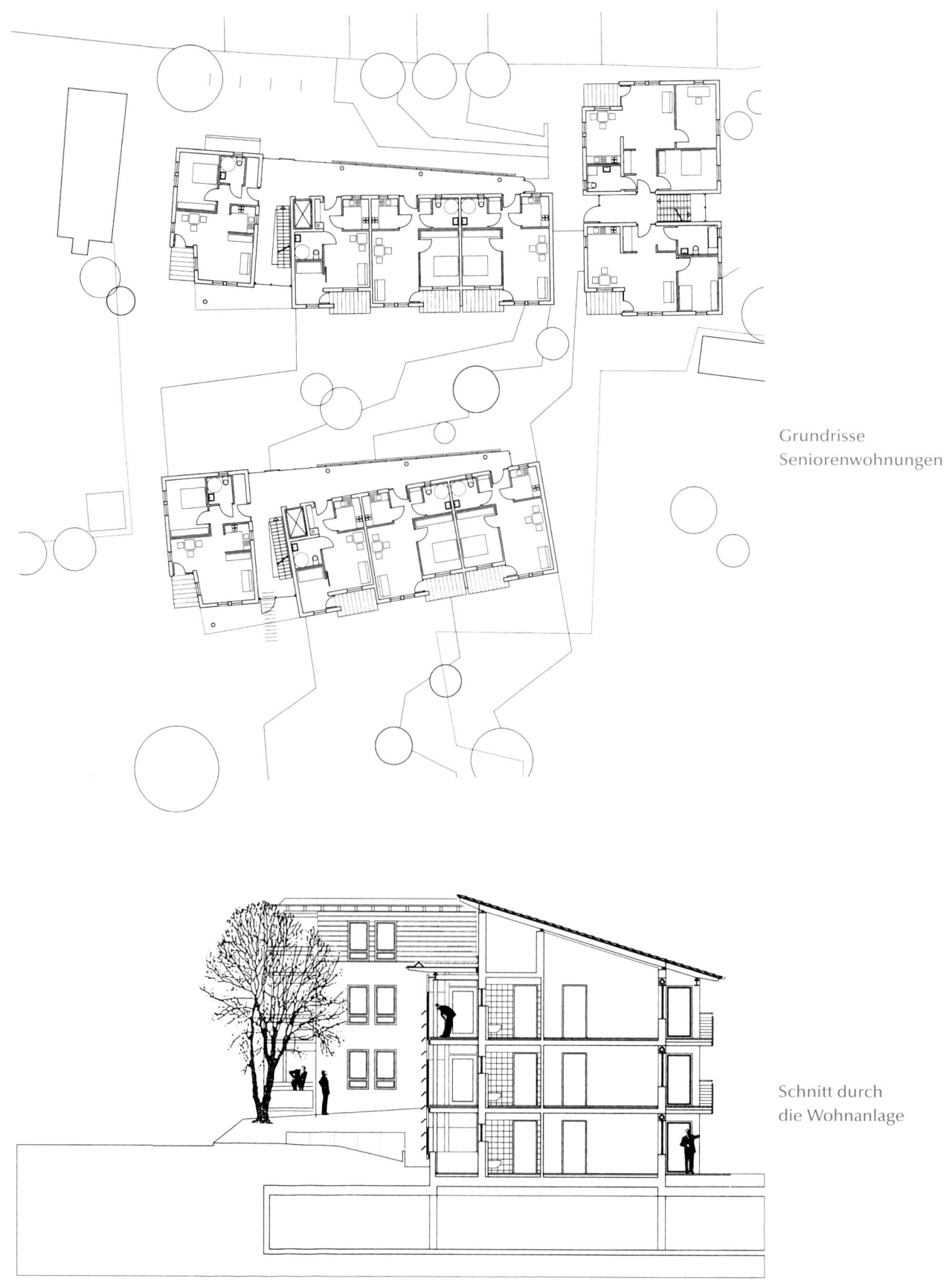

Grundrisse
Seniorenwohnungen

Schnitt durch
die Wohnanlage

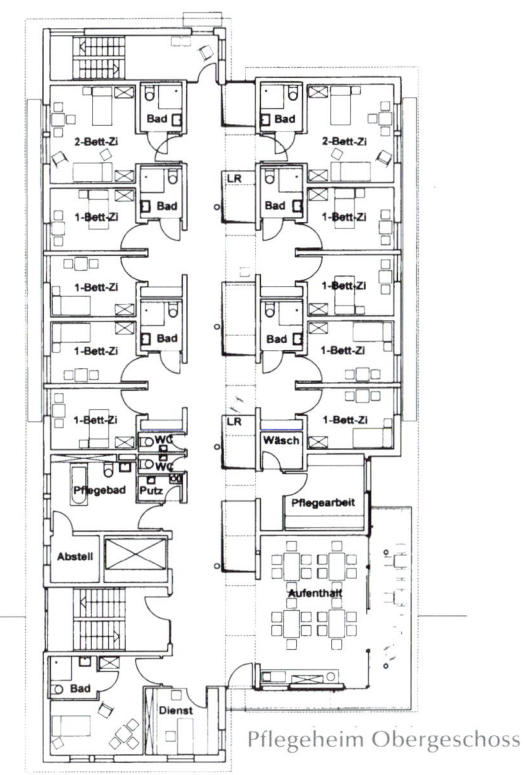

Pflegeheim Obergeschoss

Die Wohnungen haben große nach Süden und Westen orientierte Balkone

WOHNUNGSANZAHL
30
PREISE
Kaltmiete: 4,10 bis 5,90 € pro Quadratmeter und Monat
Nebenkosten: 1,40 bis 2,35 € pro Quadratmeter und Monat
Betreuungspauschale: 20,45 € pro Monat
SERVICELEISTUNGEN
Abrechnung erfolgt über den jeweiligen Dienstleister
STELLPLÄTZE
33 Tiefgaragenplätze vorhanden
SERVICE-ANGEBOT
Hauswirtschaftliche und pflegerische Dienstleistungen, Betreuungsangebote durch Nachbarschaftshilfe und Caritas
PFLEGEPLÄTZE
25 (davon ein Platz für Kurzzeitpflege), 2 Plätze für Tagespflege
KOSTEN
Vollstationäre Pflege: Eigenanteil: 1312 € bis 1670 €/Monat
Kurzzeitpflege: Eigenanteil: 75 Euro bis 100 €/Tag
Tagespflege: Eigenanteil: 41 Euro bis 63 €/Tag
(Die angeführten Kosten sind abhängig von der Pflegestufe und dem jeweiligen Anteil der Pflegekasse.)

ANSCHRIFT
Seniorenzentrum Herbertingen
Jordans-Reutter Platz 1
88518 Herbertingen
Tel: 0 75 86-92 01-0
Fax: 0 75 86-92 01-29
E-mail: altenheim-herbertingen@ caritas-sigmaringen.de

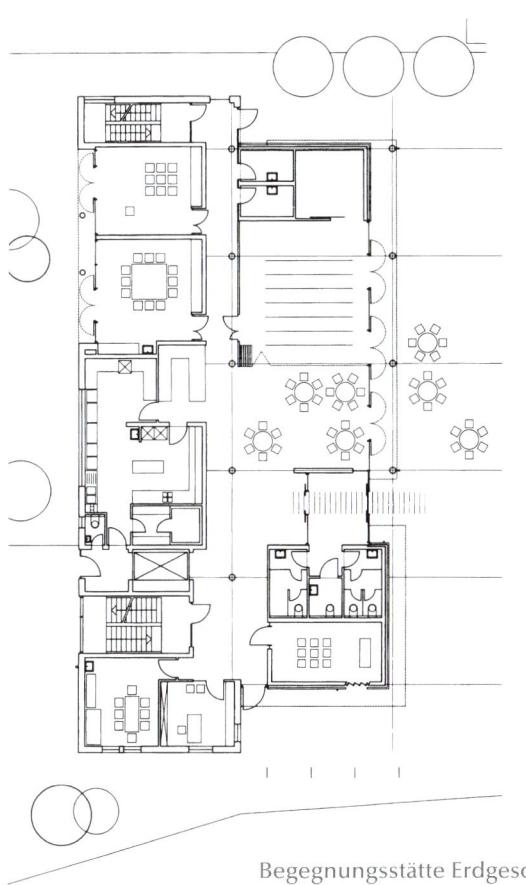

Begegnungsstätte Erdgeschoss

Gradmann-Haus in Ostfildern-Ruit bei Stuttgart

Lage und Ausgangssituation

Das Gradmann-Haus – ein Seniorenzentrum in einer Kleinstadt am östlichen Rand von Stuttgart – besteht aus einer betreuten Wohnanlage mit integrierter Tagespflege und einem Stadtteiltreffpunkt. Die nach Erich und Liselotte Gradmann benannte Gradmann-Stiftung unterstützt Wohnungsbauprojekte für hilfsbedürftige ältere Menschen sowie Projekte der Altenhilfe.

Das Gradmann Haus steht im Ortskern von Ostfildern-Ruit am Rand eines Stadtparks. Mit dem Bau des Seniorenzentrums, das über einen Steg direkt mit dem benachbarten Pflegeheim verbunden ist, wurde das ortsansässige Architekturbüro Kauffmann Theilig & Partner beauftragt.

Architektonisches Konzept

Um ein freundliches, lebendiges Gebäudeensemble zu schaffen, gliederten die Architekten die weitgehend barrierefrei konzipierte Anlage in mehrere klar voneinander abge-setzte Bereiche: in einen zur Straße hin orientierten Verwaltungsbau, einen dreigeschossigen Wohnkomplex mit geschütztem Innenhof, ein großzügig dimensioniertes zwei Stockwerk hohes Begegnungszentrum mit schrägem und spitz zulaufendem Dach und einen Bereich für Tagespflege und Therapieräume. Der dreieckige Treppenhausturm dient als Bindeglied zwischen den einzelnen Gebäudeabschnitten. Ein frei stehendes Waschhaus ergänzt und akzentuiert die Gebäudegruppe. Dieses differenzierte Konzept wird durch unterschiedliche Farben und Materialien unterstützt und bietet eine räumliche Vielfalt, die Kommunikation und Gemeinschaft fördert.

Die 18 2-Zimmer-Wohnungen in der Größe von etwa 55 Quadratmetern werden über Laubengänge erschlossen. Diese Art der Erschließung erleichtert die Orientierung, dient als nachbarschaftlicher Treffpunkt und erlaubt den Blick in den Innenhof und – durch Einschnitte zwischen den Gebäuden – auf die Straße. Die Laubengänge sind ein gutes Stück von der Fassade abgelöst, wodurch auch die Küchen und Bäder der unteren Wohnungen ausreichend Licht erhalten und Nachbarn nicht zu dicht am Fenster vorbeigehen können. Vor jeder Wohnungstür entstehen dadurch Nischen, die Platz für eine kleine Bank bieten und dazu anregen, diesen Bereich auch für private Aktivitäten zu nutzen. Die Fassade zum Innenhof ist zwischen den Fenstern mit einem durchgehenden Streifen aus orangefarbenen Holzplatten verkleidet, was einen lebendigen Kontrast zu der ansonsten weißen Wandfläche bildet. Die zur Straße orientierte Fassade ist dagegen – im Wech-

Der mittlerweile üppig begrünte Innenhof des Seniorenzentrums ist kommunikativer Treffpunkt der Bewohner.

Gradmann-Haus in Ostfildern-Ruit bei Stuttgart   49

Der Außenlift ist auf zwei gegenüber liegenden Seiten verglast.

Wohn- und Schlafraum sind durch zwei Schiebetüren voneinander getrennt.

sel mit Putz – mit sägerauem Fichtenholz und farbig lasierten Holzplatten verkleidet, was ihr eine warme Ausstrahlung verleiht. Im Innenhof dient das Waschhaus als kommunikativer Treffpunkt – im Erdgeschoss kann man Wäsche waschen und im Obergeschoss in dem taghellen modernen Gemeinschaftsbad ein Wannenbad nehmen. Ein Beitrag zur Ökologie: 50 im Glasdach über den Laubengängen integrierte Solarröhren mit zwei Wärmespeichern sorgen für die Warmwasserbereitung. Diese Solaranlage bringt einen jährlichen Energiegewinn von etwa 450 KWh/m^2.

Für die Wohnungen haben sich die Architekten einen pfiffigen Grundriss ausgedacht: Die Trennwand zwischen Wohn- und Schlafzimmer verläuft schräg. Das Schlafzimmer wird durch diesen Kunstgriff optisch etwas verkürzt, das Wohnzimmer dagegen aufgeweitet, sodass keines der Zimmer schlauchartig lang wirkt. Beide Räume sind nicht auf bestimmte Nutzungen festgelegt und lassen verschiedene Möblierungen zu. Tür- und Wandelemente aus Buchenholz sowie der honigfarbene Linoleumboden geben den Wohnungen einen gemütlichen und zugleich frischen Charakter. Die Küche ist zum Wohnraum offen, kann aber mittels Schiebetür oder Vorhang von diesem abgeteilt werden. Flur und Wohnzimmer gehen offen ineinander über, nur ein Stellbord in Türhöhe, auf dem dekorative Objekte platziert werden können, markiert den Übergang. Sowohl in der Küche als auch im Wohnzimmer ist das Fenster über Eck geführt, um eine möglichst umfassende Sicht auf Laubengang und Straßenraum zu ermöglichen und Kontakte nach außen zu erleichtern.

In den obersten Wohnungen sind die Räume höher und reichen bis unter die Schräge des Pultdaches. Ein hier quer über der Wohnung verlaufendes Oberlichtband lässt viel zusätzliches Tageslicht herein.

Gegenüber den Wohnungen befinden sich die Therapieräume und daran angrenzend der zum Stadtpark hin verglaste und zwei Stockwerke hohe Saal, der als Bürgertreff und für diverse Veranstaltungen genutzt wird. Im Erdgeschoss des ersten Wohngebäudes sind die Räume der Tagespflege mit 12 Plätzen untergebracht. Sie sind zu einem großen, beschützenden Gartenhof mit Brunnenanlage orientiert und bieten den Gästen der Tagespflege ein modernes und zugleich sehr geborgenes Umfeld.

Wohnkonzept

Im Gradmann-Haus leben die Bewohner in Wohnungen, die von der Stadt Ostfildern vermietet werden. Sie können jederzeit auf Hilfe zurückgreifen, die Notrufversorgung und die Sozialbetreuung – dazu gehört auch die seelisch-geistige Unterstützung und die Förderung der Gemeinschaft – leistet das unmittelbar angrenzende Samariterstift. Dadurch haben die Bewohner ein hohes Maß an Sicherheit, können aber so lange wie möglich selbstständig und unabhängig leben.

Der geschützte Innenhof hat eine ähnliche Funktion wie ein Marktplatz: Die Bewohner treffen sich spontan beim Wäschewaschen im Waschhaus oder zum Kaffeetrinken auf der großen Dachterrasse über den Therapieräumen. Durch die räumliche Vielfalt der Anlage wird gezielt die Kommunikation unter den Bewohnern gefördert und so der Vereinsamung vorgebeugt. Auch die Gäste der Tagespflege – ein teilstationäres Betreuungsangebot auch für Demenzkranke – werden in die Gemeinschaft mit einbezogen. In der warmen Jahreszeit werden im Innenhof Feste gefeiert, die alle Bereiche – Wohnen, Bürgertreff, Tagespflege – mit einbeziehen.

Im Begegnungszentrum findet dreimal pro Woche ein offener Mittagstisch statt, beim Treffpunktcafé werden am Nachmittag Schwerpunktthemen diskutiert und es werden auch Ausflüge und sportliche Aktivitäten organisiert. Auch hierbei ergeben sich viele Gelegenheiten, Bewohner des Gradmann-Hauses und Bewohner aus Ostfildern zu-

Rechts und unten: Einbauten aus hellem Buchenholz dienen als Raumteiler, Garderobe und Bücherbord.

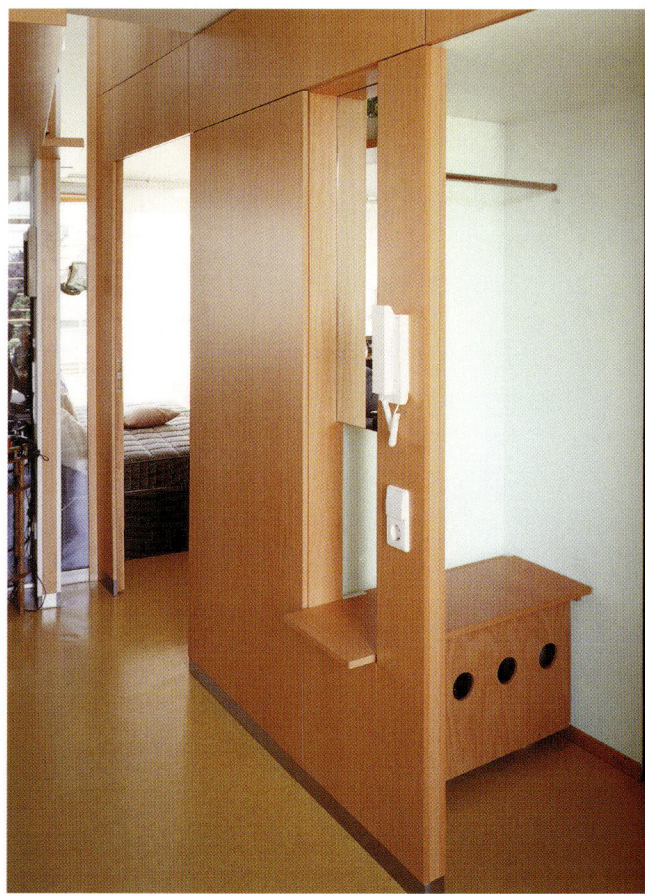

Gradmann-Haus in Ostfildern-Ruit bei Stuttgart   51

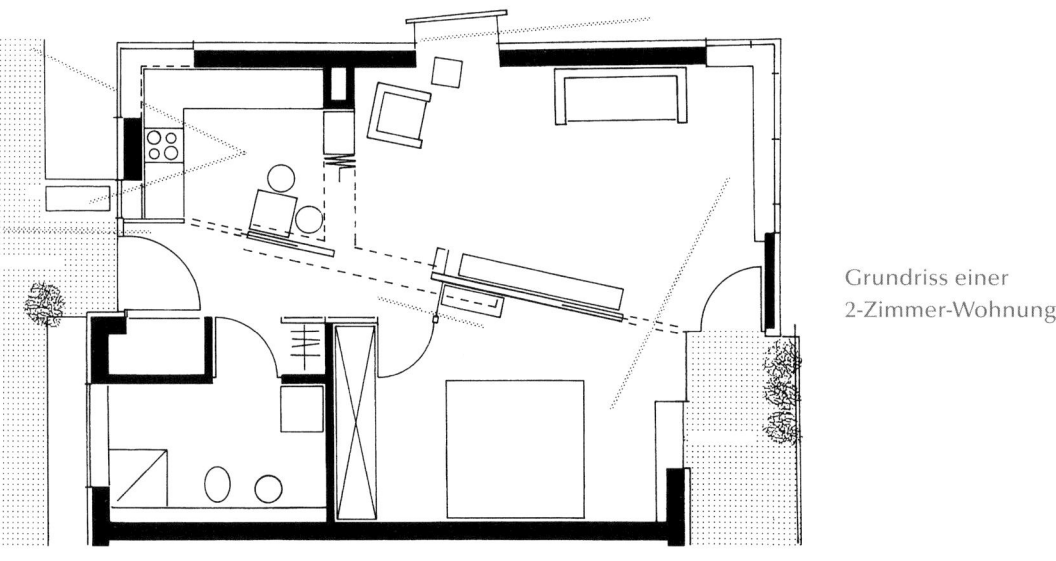

Treffpunkt

Eingang
Treffpunkt

Brunnen

Wasch-
haus

Hof

Tages-
pflege

Wohnen

Wohnen

Eingang
Wohnen

Erdgeschoss

Grundriss einer
2-Zimmer-Wohnung

sammenzuführen und ihnen das Knüpfen von Kontakten zu erleichtern.

Besonderheit

Das Gradmann Haus funktioniert wie eine kleine Stadt für sich. Durch die Architektur sind vielfältige Freibereiche entstanden, die die Kommunikation und Gemeinschaft fördern und der Isolation entgegenwirken.

Diese Wohnform eignet sich für alle, die eigenständig wohnen möchten, jedoch kontaktfreudig und an Nachbarschaft interessiert sind.

Rechts: Die Dachterrasse über dem Bürgertreff wird von den Bewohnern gerne zum gemeinsamen Kaffeetrinken genutzt.

Unten: Die Gesamtanlage mit den Wohnungen (links und hinten), dem Waschhaus-Turm im Innenhof, dem Bürgertreff (rechts) und dem dahinter liegenden Verwaltungsgebäude.

WOHNUNGSANZAHL
18
PREISE
Miete: 6 bis 10 €/m² kalt
Betreuungspauschale pro Monat: 77 bis 87 €
STELLPLÄTZE
Tiefgarage mit Tageslicht und natürlicher Belüftung durch Oberlichter
SERVICE-ANGEBOT
Hauswirtschaftliche und soziale Leistungen.
TAGESPFLEGE
12 Plätze für insgesamt 24 Gäste
Kosten: 50 € pro Tag zuzüglich Fahrtkosten

ANSCHRIFT
Gradmann-Haus Ostfildern
Scharnhäuser Straße 25
73760 Ostfildern / Ruit

Service-Wohnen auf dem Matzenhof, Simbach

Lage und Ausgangssituation

Auf einer Anhöhe, unweit von Simbach am Inn direkt an der Grenze zu Österreich, liegt in absoluter Alleinlage der Matzenhof. Johanna und Alfred Brauneis übernahmen 1996 den elterlichen Bauernhof, der mit seinen 15 Hektar Land keine ausreichende Lebensgrundlage mehr bot. Auf der Suche nach neuen Nutzungsmöglichkeiten kam die Familie auf die Idee, den landwirtschaftlichen Betrieb weitgehend aufzugeben und stattdessen betreutes Wohnen für Senioren anzubieten. Im Jahr 1998 wurde das »Service-Wohnen« auf dem Matzenhof eröffnet. Für die gelungene Umsetzung dieses in Bayern einzigartigen Projekts wurde Johanna Brauneis im Jahr 2002 vom bayerischen Landwirtschaftsministerium als »Unternehmerin des Jahres« ausgezeichnet.

Architektonisches Konzept

Für die insgesamt 11 seniorengerechten Apartments in der Größe von 25 bis 60 Quadratmetern wurde das Stallgebäude des Hofes komplett umgebaut. Nachdem neue Wände und Decken eingezogen und das Dach komplett neu eingedeckt worden war,

Der ehemalige Kuhstall beherbergt jetzt moderne Seniorenapartments.

entstand ein schmuckes Wohngebäude im ländlichen Stil. Der Charakter des Gebäudeensembles, zu dem auch das private Wohnhaus und die Wirtschaftsgebäude gehören, ähnelt dem des ehemaligen Einödhofs. Der gesamte Umbau samt Außenanlagen ist nicht nur barrierefrei gestaltet, sondern auch entsprechend der hierfür gültigen DIN-Norm 18025 Teil 1 behindertengerecht, das heißt für Rollstuhlfahrer geeignet. Das bedeutet unter anderem, dass sämtliche Türbreiten, die Liftgröße und die Raumabmessungen in den Apartments und den Bädern dem Bewegungsradius von Rollstuhlfahrern angepasst sind.

Im Erdgeschoss befinden sich einige Apartments, eine Service-Zentrale, das Büro, die große Küche sowie der Gemeinschaftsraum, der an der Giebelseite des Gebäudes nachträglich durch einen Wintergarten erweitert wurde. Die Wohnungen im ersten Stock haben Balkone, die Dachwohnungen erhielten Gauben. Die Treppen in die oberen Etagen führen um den Aufzug herum, vor dem im ersten Stock eine gemütliche Sitznische mit bodentiefem Fenster eingerichtet wurde. Nicht nur die Treppen, auch die Flure sind beidseitig mit einem Handlauf versehen – eine wertvolle Gehhilfe für Bewohner, die nicht mehr so sicher auf den Beinen sind.

Die Apartments können möbliert, teilmöbliert oder leer gemietet werden. Die hellen Wohnungen sind praktisch zugeschnitten und die möblierten gemütlich mit viel Holz eingerichtet. Eine kleine Küchenzeile in jeder Wohneinheit ermöglicht es den Bewohnern, sich die Mahlzeiten bei Bedarf

selbst zuzubereiten. Für Angehörige stehen ein Doppelzimmer und ein Einzelzimmer zur Verfügung, die auch für Rollstuhlfahrer sowie für Eltern mit behinderten Kindern für einen Urlaub auf dem Bauernhof angeboten werden.

Wohnkonzept

Der Begriff »Service-Wohnen« bedeutet hier, älteren und auch behinderten Menschen ein überschaubares und geborgenes Umfeld mit Betreuung zu bieten. Die Menschen auf dem Matzenhof bilden eine Gemeinschaft mit einer beinahe familiären Struktur. Sie kennen sich untereinander und sitzen gerne in fröhlicher Runde zusammen. Jeder Bewohner kann jedoch auch für sich bleiben und nach Belieben zurückgezogen leben.

Das Wohnumfeld ist ländlich-abgeschieden: viel Ruhe, Natur pur ringsum und jede Menge Tiere. Ein Streichelzoo mit Ziegen gehört ebenso zum Hof wie ein Rotwildgehege, Katzen und Hühner. Auch Haustiere der Bewohner sind willkommen.

Das »Service-Wohnen auf dem Matzenhof« wird – abgesehen von einer Reinigungskraft und einer Aushilfskraft mit Pflegeausbildung – ausschließlich von der Familie betrieben. Johanna Brauneis ist selbst in einem Mehr-Generationenhaushalt aufgewachsen und hat eine behinderte Tochter, die überwiegend auf den Rollstuhl angewiesen ist. Sie kennt und versteht daher die Bedürfnisse von pflegebedürftigen Menschen und erfüllt durch ihre Ausbildung zur Fach-Hauswirtschafterin für ältere Menschen die vorgeschriebenen Voraussetzungen, um auch die so genannte Grundpflege – wie zum Beispiel Hilfe beim Ankleiden, beim Duschen oder bei der Körperpflege – zu übernehmen.

Der Einödhof hat trotzt Umbau sein charakteristisches Erscheinungsbild behalten.

Sie fördert jedoch die Selbstständigkeit der Bewohner und ermuntert sie zu so viel Eigenleistung wie möglich.

Alfred Brauneis versorgt den landwirtschaftlichen Teil des Hofes und betreut das Rotwildgehege sowie die Hühner und Ziegen. Die Mutter der Unternehmerin bekocht die Bewohner, die auf Wunsch bis zu vier Mahlzeiten pro Tag (auch Diätkost) im Gemeinschaftsraum serviert bekommen. Der Vater übernimmt unter anderem Fahrdienste und Besorgungen. Durch diese familiäre Betreuung entsteht ein sehr geborgenes Umfeld mit festen Bezugspersonen. Johanna Brauneis: »Wir richten uns mit unseren Serviceleistungen auch zeitlich individuell nach

Gemütliche Sitzecke auf dem Flur vor den Wohnungen.

jedem Bewohner. Dann schaue ich zum Beispiel auf Wunsch auch noch um 23 Uhr vorbei.« Jede Leistung wird einzeln berechnet und ist jederzeit individuell abrufbar. Miete und Service werden getrennt abgerechnet. Die Bewohner können dadurch frei wählen, ob und wie viel Betreuung sie möchten, sie können auch einen selbst gewählten ambulanten Pflegedienst hinzuziehen. Nur bei Pflegestufe 3 oder schwerer Demenz kann die Betreuung auf dem Matzenhof nicht mehr geleistet werden.

Die Bewohner im Alter von 55 bis 90 Jahren stammen überwiegend aus ländlichen Gegenden, sie kennen und schätzen das Leben in der Natur, das sie kulturellen Veranstaltungen wie Konzerten oder Theateraufführungen vorziehen. Doch ist es trotz der abgeschiedenen Lage möglich, an außerhäuslichen Aktivitäten teilzunehmen. Die Bewohner können mit dem Bus oder zweimal pro Woche mit dem Familien-Fahrdienst in die 3,5 Kilometer entfernte Stadt Simbach am Inn fahren. Mit den Einwohnern des nahen Dorfes Kirchberg finden regelmäßig Seniorennachmittage statt. Einmal pro Woche werden auf dem Hof Bewegungsübungen angeboten.

Besonderheit

Durch das sehr persönliche Engagement der Familie Brauneis und die begrenzte Anzahl an Bewohnern bietet der Matzenhof Geborgenheit und große emotionale Sicherheit. Lebensmittel wie ungespritztes Obst und Gemüse sowie Wild, Geflügel und Eier stammen überwiegend aus hofeigener Produktion. Die idyllische Alleinlage mitten im Grünen ist ideal für alle, die Ruhe, Natur und gute Luft schätzen, die den Umgang mit Tieren genießen und für die Mobilität nicht oberste Priorität hat.

Der Matzenhof ist im so genannten Handicap-Katalog verzeichnet, in dem Urlaubsmöglichkeiten für Rollstuhlfahrer angeboten werden.

WOHNUNGSANZAHL
11
PREISE
Miete: zwischen 10 und 15 €/m² inkl.
Nebenkosten
SERVICE-BEISPIEL
Vollpension pro Tag 8,20 €
STELLPLÄTZE
Überdachte Stellplätze vorhanden
SERVICE-ANGEBOT
Apartmentreinigung, Verpflegung, Wäsche-
Service, Fahr- und Begleitdienste, Grundpflege

ANSCHRIFT
Service-Wohnen auf dem Bauernhof
Johanna Brauneis
Matzenhof 3
84359 Simbach/Inn
Tel: 0 85 71-93 03 90
www.service-wohnen-brauneis.de

Oben und rechts:
Der Wintergarten
wurde nachträglich
an den Gemein-
schaftsraum an-
gebaut.

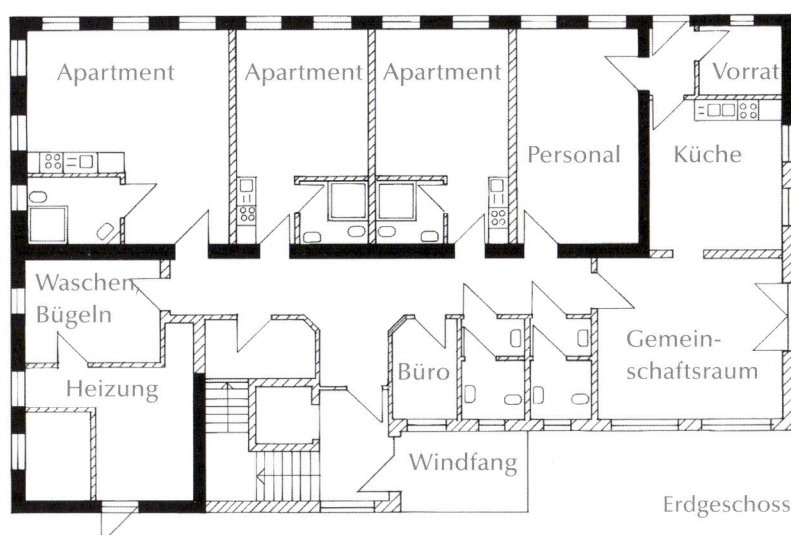

Erdgeschoss

Betreutes Wohnen auf der »Oberen Hofmark«, Winhöring

Unten: Die Wohnanlage (hier eine Computersimulation) wurde dem alten Vierseithof in Größe und Erscheinungsbild nachempfunden.

Ganz unten: Die Wohnungen werden über Laubengänge vom Innenhof aus erschlossen.

Lage und Ausgangssituation

Nahe Altötting, im Ortszentrum des niederbayerischen Dorfes Winhöring, liegt die Wohnanlage »Obere Hofmark«. Hier betrieb die Familie Rauschecker bis vor wenigen Jahren einen landwirtschaftlichen Betrieb. Der über 90 Jahre alte Vierseithof war jedoch nicht nur sanierungsbedürftig geworden, sondern durch die zentrale Lage im Ort auch unwirtschaftlich. Josef Rauschecker, auf diesem Hof geboren und aufgewachsen, beschloss zusammen mit seiner Frau Maria, die alte Bausubstanz abzureißen, um stattdessen Platz für ein soziales Projekt zu schaffen. Sie ließen vier neue Gebäude in der selben Anordnung wie beim alten Vierseithof mit insgesamt 24 seniorengerechten Wohnungen errichten. Die Architekten Erwin Wenzl und Manfred Huber aus Vornbach erhielten für dieses Projekt im Jahr 2003 beim Landeswettbewerb »Barrierefreies Bauen mit hoher Qualität« den Bayerischen Wohnungsbaupreis.

Die Lage mitten im Ort ist ideal: Bis zum Supermarkt sind es nur wenige Schritte, auch sonstige Einrichtungen wie Frisör und Apotheke und sogar die Kirche befinden sich im unmittelbaren Umfeld. Die nahe gelegene Bushaltestelle ermöglicht Fahrten in die Städte Altötting, Burghausen oder Mühldorf, von wo eine stündliche Zugverbindung nach München besteht.

Architektonisches Konzept

Die zweigeschossige Wohnanlage mit den flachgeneigten Pultdächern ist in den vorhandenen Baumbestand eines Obstgartens ein-

gebunden und fügt sich harmonisch ins Ortsbild ein. Die vier Gebäude, in denen 2- und 3-Zimmer-Wohnungen von 50 bis 80 Quadratmetern untergebracht sind, umschließen einen gemeinschaftlich genutzten Innenhof. Sämtliche Wohnungen werden von hier aus erschlossen – die Wohnungen im Obergeschoss über einen Laubengang, der zugleich die ebenerdigen Wohnungseingänge überdacht. Auch der geräumige Gemeinschaftsraum, der von den Bewohnern gerne genutzt wird, ist mit einer Terrasse zum Hof orientiert.

Die gesamte Anlage ist barrierefrei nach DIN 18025 Teil 2 und teils auch rollstuhlgerecht gestaltet, zusätzlich zur Treppe führt ein Lift zu den Laubengängen ins Obergeschoss und in den Keller. Durchgänge an allen vier Seiten schließen schwellenfrei an öffentliche Fußwege an. Die Wohnungen werden von zwei Seiten belichtet, wobei die Wohnräume jeweils nach Osten, Süden oder Westen, Küche und Bad jedoch stets zum Innenhof orientiert sind. Jede Wohnung hat entweder eine Terrasse oder einen überdachten Balkon. Die vierseitige Anordnung der Gebäude ergibt mit dem Innenhof einen geschützten, privaten Bereich, der den Bewohnern Geborgenheit und Sicherheit vermittelt. Außen um die Anlage verläuft der gemeinschaftliche Garten. Zu jeder Wohneinheit gehört ein offener Stellplatz oder ein Carport.

Besonderer Wert wurde auf die Funktionalität der Grundrisse gelegt. Die breite Diele erschließt auf kurzem Weg die gut belichteten Räume. Das Bad ist mit einer

schwellenfreien Dusche ausgestattet und bietet zusätzlichen Platz für eine Waschmaschine. In die 9 Quadratmeter große Küche passt bequem ein Esstisch, sodass die Mahlzeiten nicht durch die Wohnung getragen werden müssen. Alle Küchenfenster gehen zum Hof und ermöglichen den Bewohnern einen guten Überblick über das Geschehen in der Anlage. Maria Rauschecker hat beobachtet, wie wichtig dies ist: »Meine Bewohner sehen sehr gerne zum Fenster hinaus, wenn sie in der Wohnküche sitzen, und bekommen dann mit, wer geht und kommt. Das ist abwechslungsreich und fördert auch die Kommunikation.« Die Fenster im Wohn- und im Schlafraum reichen bis zum Boden, was viel Licht herein lässt und den nach allen Seiten schönen Ausblick noch betont. In sämtlichen Apart-

ments sind wohnliche und zugleich pflegeleichte Parkett- und Linoleumböden verlegt.

Alle Balkone und Terrassen sind zum großen Gemeinschaftsgarten hin orientiert. Der an jeweils einer Seite durchgehende Sichtschutz aus waagrechten Holzlatten dient nicht nur als optische Abgrenzung zum Nachbarn, sondern eignet sich auch bestens als Rankgerüst für Pflanzen und gliedert darüber hinaus die länglichen Baukörper.

Die Erschließungsbereiche im Innenhof sind warm und einladend gestaltet: Der Laubengang ist wie die Balkone in Stahlkonstruktion ausgeführt und mit unbehandelten Fichtenholzbohlen belegt, die Überdachungen der Laubengänge bestehen aus Fichte-Dreischicht-Platten. Trotzdem wirken die überdachten Freibereiche nicht rustikal, denn die schlanken Stützen und das filigra-

Die Wohnanlage liegt mitten im Dorf und ist zugleich von einem großen Garten umgeben.

Raumhoch an der Brüstung vor den Wohnungstüren angebrachte waagrechte Holzlatten gliedern die Laubengänge und schaffen private Bereiche.

ne Geländer aus Stahl setzen einen kontrastreichen Akzent. Die Haustüren aus massivem rotgebeiztem Lärchenholz werden mittig durch einen breiten, von oben nach unten verlaufenden Streifen aus Milchglas unterbrochen. Dieses Material verwehrt jeglichen Einblick von außen, lässt jedoch viel Licht in den Wohnungsflur hinein.

Eines der Apartments ist ausschließlich den Angehörigen und Besuchern der Bewohner vorbehalten. Im Keller steht jedem Bewohner ein eigenes Abteil für persönliche Dinge zur Verfügung, ein Wasch- und Trockenraum sowie ein Fitnessraum mit diversen Geräten können von allen benutzt werden. Für Pflegefälle auch aus dem Ort wurde im Erdgeschoss eines Gebäudeflügels eine Intensivpflege- und Beatmungseinrichtung für vier Patienten untergebracht.

Wohnkonzept

In der Oberen Hofmark kann man unabhängig und völlig selbstständig in der eigenen Wohnung leben, erhält jedoch auf Wunsch

Erdgeschoss

Hilfe und Betreuung, die hier von Maria Rauschecker überwiegend persönlich geleistet wird. Da ihr Wohnhaus direkt hinter dem neuen »Vierseithof« steht, ist sie rund um die Uhr vor Ort. Bei der Grundpflege und den hauswirtschaftlichen Tätigkeiten wird sie von einer Altenpflegerin, einer Hauswirtschafterin, einer Auszubildenden sowie von ihrem Mann unterstützt. Auch wenn dauerhafte Pflege unumgänglich wird, können die Bewohner in ihren Apartments bleiben, denn in diesem Fall wird ein ambulanter Pflegedienst hinzugezogen. Neben den im Betreuten Wohnen üblichen Grund- und Wahlleistungen wie Begleitdienste, Zubereiten von Mahlzeiten, Beraten bei Behördenangelegenheiten oder Haushalts- und Krankenpflege, um nur einige zu nennen, nimmt Frau Rauschecker persönlich Anteil am Schicksal jedes einzelnen Bewohners und steht auch für Gespräche zur Verfügung. Zusammen mit ihrem Mann und ihrer gesamten Familie ist es ihr besonderes Anliegen, allen Bewohnern ein möglichst selbstständiges Leben in einer geschützten Umgebung zu bieten.

Die Bewohner im Alter von 52 bis 91 Jahren stammen nicht nur aus der näheren Umgebung, haben jedoch meist Angehörige in der Gegend.

Besonderheit

Die Obere Hofmark ist ein Familienbetrieb auf dem Land in zentraler Dorflage. Die überschaubare Anzahl der Wohnungen und das persönliche Engagement der Betreiberfamilie ermöglicht individuelles selbstständiges Wohnen in geborgener Atmosphäre mit bei Bedarf persönlicher Fürsorge. Diese Art des Wohnens ist für jeden geeignet, der das Leben auf dem Land liebt, jedoch nicht auf die Anbindung an eine Stadt verzichten möchte.

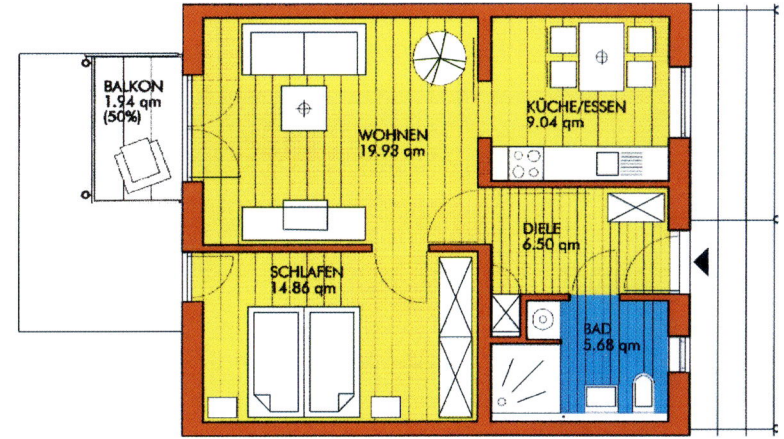

Grundriss einer Wohnung (oben), Lageplan (unten)

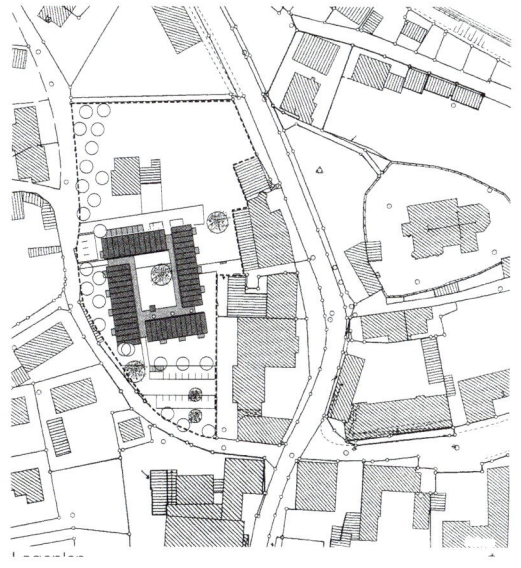

Wohnungsanzahl
24
Preise
Miete: 9,20 €/m²
inkl. Nebenkosten
Service
Betreuungspauschale (auf Wunsch)
pro Monat: 46 €
Stellplätze
pro Wohneinheit ein offener Stellplatz
oder Carport
Service-Angebot
Apartmentreinigung, Verpflegung, Wäsche-Service, Fahr- und Begleitdienste, Grundpflege

Anschrift
Josef und Maria Rauschecker
Obere Hofmark 12a
84543 Winhöring
Tel: 0 86 71-2 01 01
Fax: 0 86 71-88 25 37
E-mail: mariarauschecker@obere-hofmark.de
www.obere-Hofmark.de

Mathildenstift in München

Oase der Ruhe mitten in der Stadt: der Ehrenhof des Mathildenstifts.

Lage und Ausgangsituation

In der Münchner Innenstadt, in der Nähe des Sendlinger Tores, steht das ehemalige Mathildenpensionat. Bis Mitte der 1990er Jahre beherbergte es ein Altenheim mit über 200 Zimmern, das jedoch nicht mehr den damaligen Anforderungen an selbstbestimmtes Wohnen im Alter entsprach und daher in eine moderne barrierefreie Anlage für betreutes Wohnen umgebaut werden sollte. Die Münchner Architektengemeinschaft Marx, Franke und Rössel wurde vom Sozialreferat der Stadt München mit dieser Bauaufgabe betraut. Die Münchenstift GmbH, eine gemeinnützige Gesellschaft der Stadt München und Anbieterin seniorengerechter Dienstleistungen, wurde Betreiberin des im Jahre 1997 eingeweihten neuen Mathildenstifts. Dessen Lage in einer sehr ruhigen Seitenstraße mit hervorragender Infrastruktur ist für die Bewohner ideal. U-Bahn und Straßenbahn sind fußläufig erreichbar, Geschäfte, Apotheken, Unikliniken sowie eine große Grünanlage befinden sich in unmittelbarer Nähe.

Für diesen vorbildlichen Umbau eines Altenheims in eine betreute Wohnanlage – das erste Modellprojekt dieser Art in Deutschland – wurden die Architekten von der Stadt München im Jahre 1999 mit dem »Ehrenpreis für guten Wohnungsbau« sowie mit dem »Fassadenpreis« ausgezeichnet.

Architektonisches Konzept

Das historische Gebäude des ehemaligen Mathildenpensionats wurde in zwei Bauabschnitten errichtet: Der erste aus dem Jahre 1884 stammt von Friedrich Löwel, der zweite

aus dem Jahre 1896 stammt von Hans Grässel.

Trotz Kriegsschäden konnte die ursprüngliche Bausubstanz, die heute teilweise denkmalgeschützt ist, in ihrer ursprünglichen Form erhalten werden. Obwohl innen seit 1951 wiederholt verschiedene Modernisierungsmaßnahmen durchgeführt worden waren, entsprach der bauliche Standard nicht mehr modernen Ansprüchen – die Belegungszahl lag schließlich nur noch bei 50 Prozent. Daraufhin wurde für das Mathildenstift ein neues Konzept ausgearbeitet: Die insgesamt 200 Einzel- und Doppelzimmer mit zentralen Sanitäreinrichtungen wurden in moderne Apartments umgewandelt und auf die drei Obergeschosse verteilt, die Räume im Erdgeschoss stehen einer Praxis für physikalische Therapie und Büros des Sozialreferats der Stadt München zur Verfügung. Im zur Straße orientierten linken Flügel wurde ein öffentliches Restaurant mit Biergarten zum Innenhof eingerichtet.

Die Wohnanlage umschließt den so genannten Ehrenhof, von dem aus die einzelnen Gebäudeabschnitte mit insgesamt 105 Wohnungen erschlossen werden. Dem denkmalgeschützten Hauptportal ist eine kleine Treppenanlage vorgelagert. An dieser Stelle durfte nicht in das historische Erscheinungsbild eingegriffen werden, sodass nur an einem der seitlichen Eingänge ein Distanzlift zur Überwindung des Höhenunterschieds von 60 Zentimetern zwischen Bodenniveau und Erdgeschoss eingebaut werden konnte. Somit ist die barrierefreie Erschließung vom Ehrenhof aus gewährleistet. Auf der Rückseite des Gebäu-

Mathildenstift in München   63

dekomplexes befindet sich ein großer Garten mit Wegen, Sitzbänken und Pergolen. Die zu dieser Seite orientierten Wohnungen erhielten Balkone, die mittels einer Stahlkonstruktion vor die Fassade gesetzt wurden. Auch von der Gartenebene führt ein Distanzlift ins Erdgeschoss und in die oberen Etagen. Die Erschließungsflure zwischen den Wohnungen weiten sich an den Gebäudeecken zu Kommunikationsbereichen auf, die mit Sitzgruppen möbliert sind und denen ein gemeinsamer großer Balkon vorgelagert ist.

Die modernen und hellen 1- bis 2 1/2-Zimmer-Wohnungen in der Größe von 29 bis 67 Quadratmetern sind barrierefrei gestaltet und unterschiedlich gegliedert. Einige sind beispielsweise mit einer Küchenzeile, andere mit einer abgeteilten Küche oder einer Wohnküche ausgestattet. Manche Apartments haben zudem einen Balkon, manche einen kleinen Erker zum Ehrenhof hin. Am häufigsten sind 1 1/2-Zimmer Wohnungen mit getrenntem Wohn- und Schlafbereich vertreten.

In allen Wohnungen sind Parkettböden verlegt, die sich – mit Ausnahme des Bades – ohne Schwellen durch sämtliche Raumbereiche ziehen. Dies lässt die Räume großzügiger erscheinen und entspricht – zusammen mit den schwellenlosen Duschbädern – den Anforderungen an Barrierefreiheit nach DIN 18025 Teil 1. Die meisten Wohnungen bieten einen Ausblick entweder zum Ehrenhof oder zum üppig bepflanzten Garten.

Ein interessantes Konstruktionsdetail für den barrierefreien Zugang vom Wohnraum zu den Balkonen ist das von den Architekten eingesetzte so genannte Alumat-System. Hierdurch konnte eine – nach den Dachdeckerrichtlinien üblicherweise vorgeschriebene – 15 Zentimeter hohe Schwelle vermieden werden. Voraussetzung ist, dass der Balkonboden – hier aus Beton – statisch unabhängig von der Bodenplatte des Wohnraums auf einer Stahlkonstruktion ruht.

Der durch die Türlaibung bedingte Abstand zum Innenraum wird von einem Gitterrost überbrückt, der seitlich in der Laibung befestigt wird. Unter diesem Gitter, das an ein Schwellenholz anschließt, verläuft eine herkömmliche Fensterbank, sodass Regenwasser abfließen kann. In das Schwellenholz sind Magnetschienen integriert, die im geschlossenen Zustand vom Türblatt nach oben gezogen werden und die Tür somit zuverlässig gegen Regenwasser abdichten. Beim Öffnen der Tür fallen die Magnete wieder herunter.

Zusätzlich hält ein Wetterschenkel am Türrahmen Spritzwasser ab. Dieses aus den USA stammende Prinzip ist kostengünstig und gewährt auch den nötigen Schallschutz.

Das ebenfalls denkmalgeschützte Haupttreppenhaus mit Blick in den Garten.

Wohnkonzept

Ins Mathildenstift kann man ab einem Alter von 60 Jahren einziehen, bei Betreuungsbedarf bereits ab 50. Die Senioren leben hier selbstständig in eigenen Wohnungen, können jedoch jederzeit Serviceleistungen dazukaufen. Bei Hilfsbedürftigkeit können Dienstleistungen des ambulanten Pflegedienstes im Haus in Anspruch genommen werden. Es gibt keine monatliche Betreuungspauschale, sämtliche Leistungen werden nur bei Inanspruchnahme abgerechnet. Notrufknöpfe in sämtlichen Räumen jeder Wohnung gewährleisten bei Bedarf rund um die Uhr rasche Hilfe. Im Erdgeschoss finden die Bewohner im Informations- und Beratungsbüro bei Fragen oder Problemen persönliche Ansprechpartner, die auch bei der Organisation von Serviceleistungen behilflich sind. Eine Praxis für physikalische Therapie im Erdgeschoss steht den Bewohnern ebenfalls zur Verfügung.

In der Wohnanlage werden keine gemeinsamen Mahlzeiten angeboten, doch die Bewohner können sich über den Münchner Menü-Service täglich Mittag- und Abendessen in die Wohnung liefern lassen.

Der schön angelegte Innenhof sowie der Garten auf der Rückseite fördern bei schönem Wetter den Kontakt der Bewohner untereinander. Auch der große und gemütlich eingerichtete Gemeinschaftsraum im Erdgeschoss wird gerne zum geselligen Miteinander genutzt. Organisierte Veranstaltungen finden hier allerdings – abgesehen von einem wöchentlichen Seniorenclub-Nachmittag mit einem Diakon – nicht statt.

Die Bewohner wohnen zur Miete, die nach einem genossenschaftlichen Prinzip berechnet wird. Jeder Bewohner gewährt der Münchenstift GmbH ein Darlehen, das vermögensabhängig zwischen 100 und 600 Euro pro Quadratmeter liegt. Dazu kommt die Wohnungsmiete, die ebenfalls vermögensabhängig gestaffelt ist. Dadurch haben auch

In den Gebäudeecken wurden die Flure aufgeweitet, sodass – mittlerweile gemütlich möblierte – Treffpunkte entstanden.

Heller Parkettboden zieht sich schwellenlos durch sämtliche Wohnungen.

Eine kleine Küchenzeile gehört zur Grundausstattung jeder Wohnung.

Interessenten mit geringen finanziellen Mitteln die Möglichkeit, ins Mathildenstift einzuziehen. Eine soziale Durchmischung der Bewohner wird somit gefördert.

Besonderheit

Mitten in der Stadt gelegen und doch in absolut ruhiger Lage von schönen Gartenanlagen umgeben – diese Kombination ermöglicht es den Bewohnern des Mathildenstifts, die Vorteile der Stadt mit ihrem vielfältigen kulturellen Angebot zu genießen und gleichzeitig in einer Oase zu leben, die ihrem Bedürfnis nach Ruhe und Zurückgezogenheit entgegenkommt. Der sorgfältig restaurierte Gebäudekomplex mit dem denkmalgeschützten Eingangsportal und dem stattlichen Haupttreppenhaus bietet ein stimmungsvolles und altehrwürdiges architektonisches Umfeld.

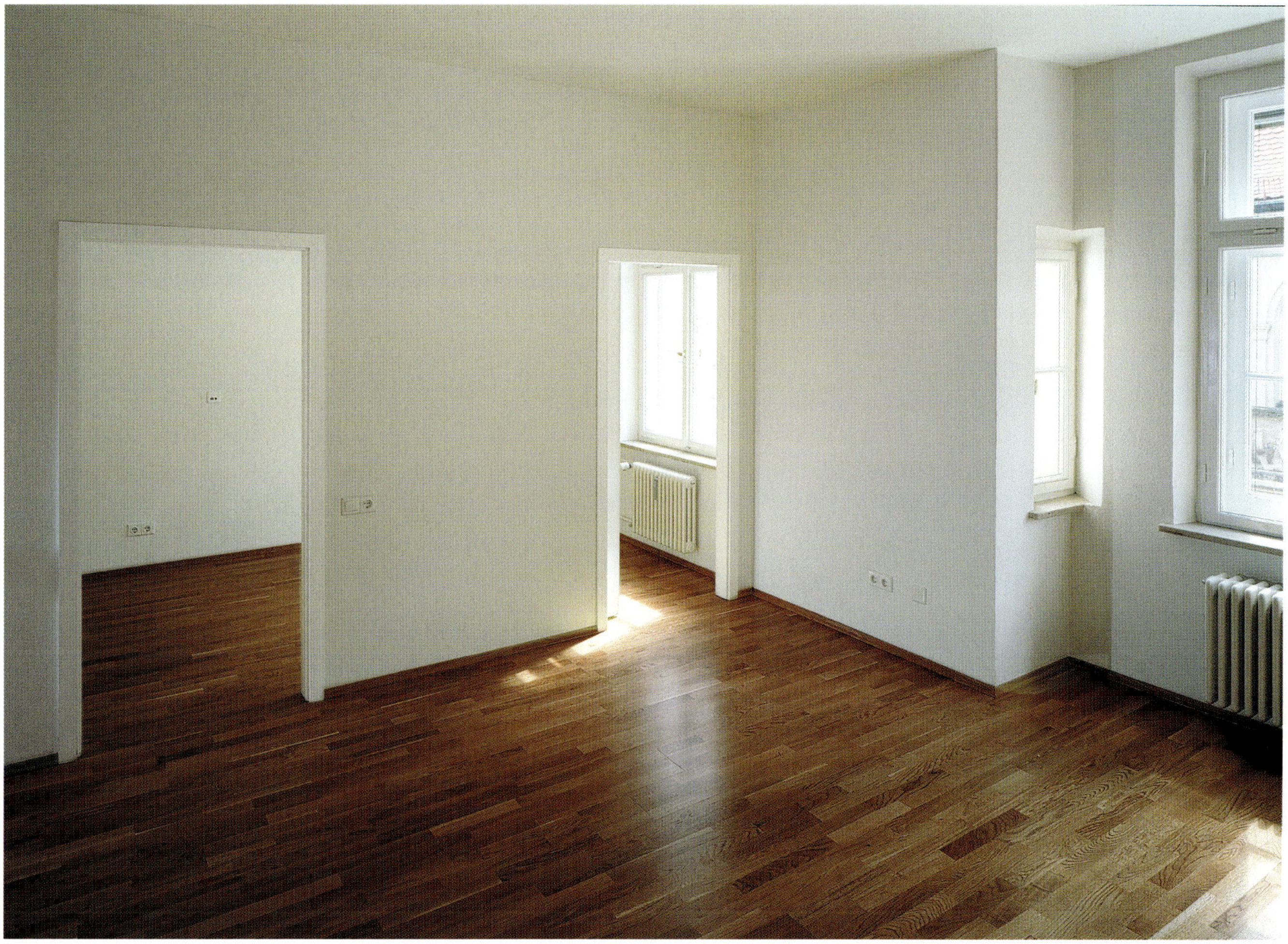

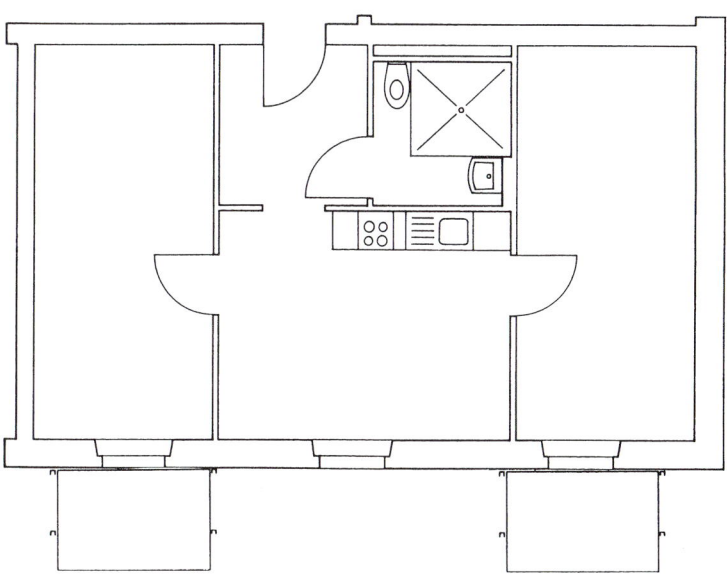

Die breiten Schiebetüren zwischen Wohn- und Schlafraum sind auch von Rollstuhlfahrern leicht zu bedienen (oben und unten).

Grundriss einer 2½ -Zimmer-Wohnung

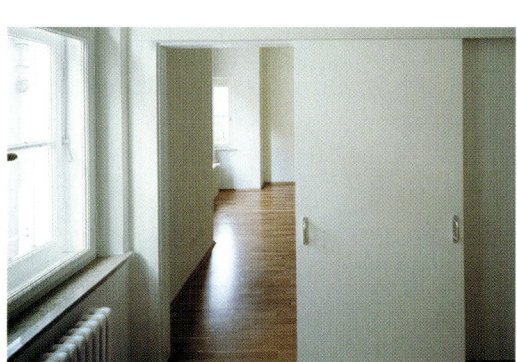

Oben und unten: Die vorgehängten Balkone sind durch das so genannte Alumat-System schwellenfrei begehbar. Magnetschienen im Schwellenholz werden beim Schließen der Tür nach oben gezogen und dichten so zuverlässig gegen Regenwasser ab. Ein in der Türlaibung befestigter Gitterrost überbrückt den Abstand zur Bodenplatte.

ANZAHL DER WOHNUNGEN
105
MIETE
ca. 557 bis 1083 € inkl. Nebenkosten und Notrufpauschale, wird vermögensabhängig berechnet
DARLEHEN
vermögensabhängig, Auskunft auf Anfrage im Mathildenstift
SERVICELEISTUNGEN
können bestellt werden und werden einzeln abgerechnet
PFLEGEDIENST
Ambulanter Pflegedienst im Haus

ANSCHRIFT
Mathildenstift
Mathildenstraße 3b
80336 München
Tel. 0 89-54 91 56-55
Fax 0 89-54 91 56-66
e-mail: info-mathildenstift@muenchenstift.de

Information der Münchenstift GmbH
Severinstraße 2
81541 München
Tel: 0 89-620 20-340
Fax 0 89-620 20-336
Internet: www.muenchenstift.de
E-mail: info@muenchenstift.de

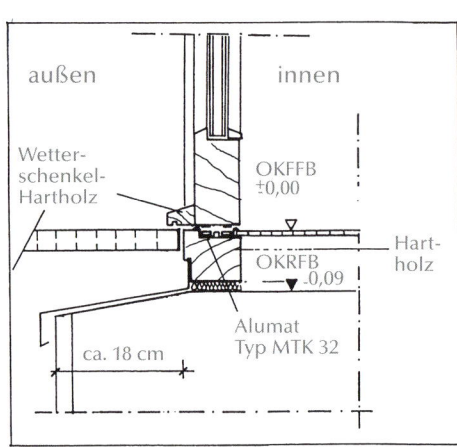

Detailschnitt Übergang Wohnraum – Balkon

Alt   Neu

1. Obergeschoss

■ Pflege/Ambulanter Dienst

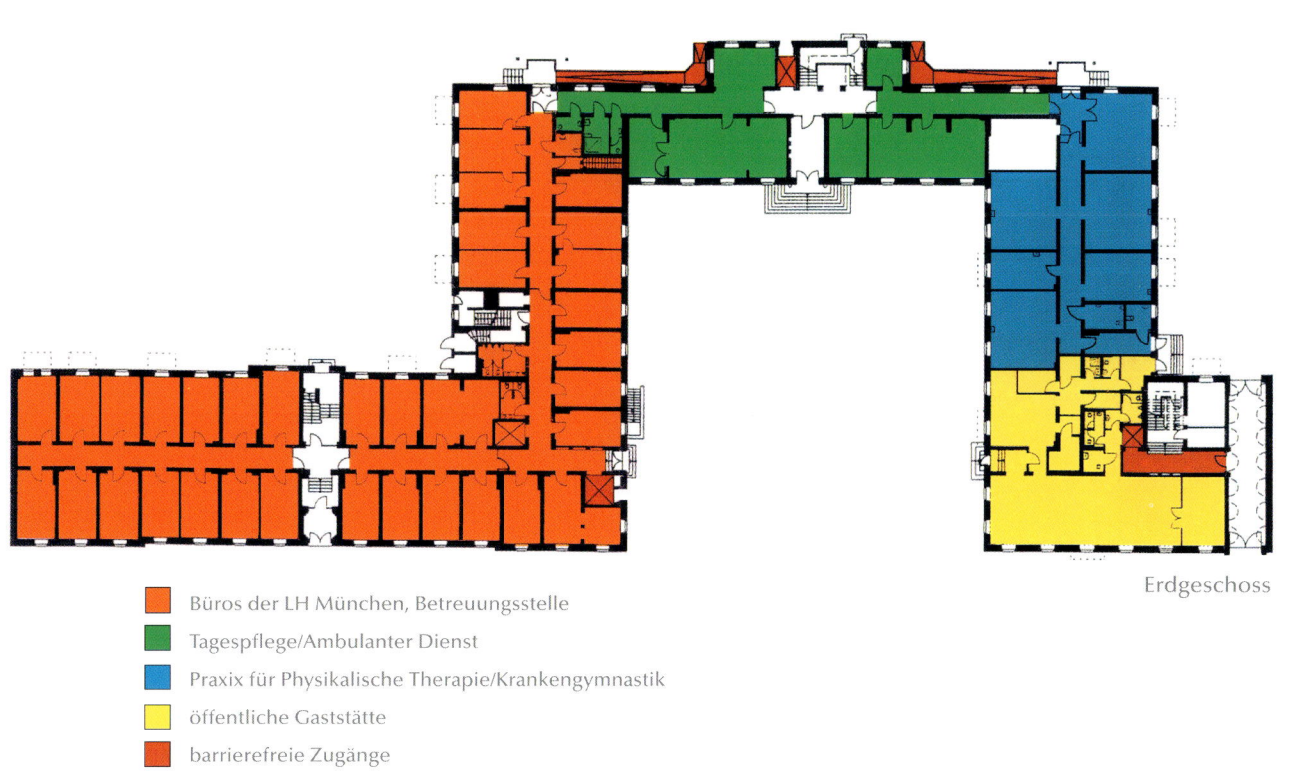

Erdgeschoss

■ Büros der LH München, Betreuungsstelle
■ Tagespflege/Ambulanter Dienst
■ Praxis für Physikalische Therapie/Krankengymnastik
■ öffentliche Gaststätte
■ barrierefreie Zugänge

Integriertes und generationenübergreifendes Wohnen

Von »Integriertem Wohnen« wird gesprochen, wenn Menschen unterschiedlicher gesellschaftlicher Gruppen selbstbestimmt unter einem Dach oder in einer Wohnanlage zusammen leben. Für ältere Menschen beispielsweise gibt es vielerorts besondere Wohneinrichtungen, die zwar bestens auf die Bedürfnisse der Bewohner eingehen können, sie jedoch gleichzeitig häufig von einem normalen Wohnumfeld abschirmen. Damit auch Menschen mit zum Teil geringem Einkommen nicht abseits stehen, benötigen sie ein Wohnumfeld, das den integrativen Aspekt in den Vordergrund stellt.

Besonders ältere Menschen und Behinderte sollen beim integrierten Wohnen in ein normales nachbarschaftliches Umfeld eingebunden werden. Die Bewohner unterstützen sich gegenseitig, indem sie Leistungen gegen Leistungen tauschen. Jeder, der in einem herkömmlichen Wohnumfeld Gefahr läuft, auf Grund seiner besonderen Lebensumstände isoliert zu werden, kann beim Integrierten Wohnen auf nachbarschaftliche Hilfe zählen und auch seine eigenen Fähigkeiten in die Gemeinschaft einbringen. Dieser integrative Ansatz soll das Selbsthilfepotenzial fördern und die Eigenständigkeit derjenigen Bewohner erhalten, die sonst auf fremde Hilfe angewiesen sind.

Integriertes Wohnen schließt verschiedene Wohnformen, zum Beispiel Mietwohnungen, Eigentumswohnungen oder auch ambulante Senioren- oder Pflegeeinrichtungen mit ein. Auch hierdurch wird – anders als in reinen Alteneinrichtungen – die gesellschaftliche Einbindung älterer Menschen

gefördert. Bei der Planung einer integrierenden Anlage sind die vorgesehenen Wohnungen also nicht ausschließlich für eine bestimmte Zielgruppe gedacht.

Wichtige Voraussetzung für Anlagen des Integrierten Wohnens ist die Barrierefreiheit nach DIN 18025 Teil 1, sodass sich auch Rollstuhlfahrer ungehindert bewegen können. Dies muss allerdings nicht auf alle Wohnungen zutreffen, denn nicht jeder Bewohner benötigt absolute Barrierefreiheit. So kann die Architektur vielfältig gestaltet werden, es darf beispielsweise auch Wohnungen mit Galerien geben oder solche, die nicht mit dem Aufzug erreicht werden können.

Durch das Konzept des Integrierten Wohnens werden Lebensformen gefördert, die Eigenständigkeit und persönliche Entfaltung ermöglichen sollen. Am günstigsten ist es, wenn die Wohnungen in gut erschlossenen Siedlungen oder Stadtteilen liegen, damit die Bewohner – Senioren und Kinder, Familien und Singles, behinderte und nichtbehinderte, wohlhabende und weniger begüterte Menschen – nicht nur in guter Nachbarschaft, sondern auch innerhalb der übrigen Gesellschaft miteinander leben können.

Beim generationenübergreifenden Wohnen – einem Teilbereich des Integrierten Wohnens – liegt der Schwerpunkt auf dem Miteinander von Alt und Jung. So genannte Mehrgenerationenhäuser bieten eine Art Familienersatz, bei dem ältere von jungen Menschen und umgekehrt profitieren können. Gegenseitige Hilfe kann hier zum Beispiel darin bestehen, dass Senioren die stundenweise Betreuung von Kindern Alleinerziehender übernehmen, sodass die Mütter oder Väter die Möglichkeit haben, einem Beruf nachzugehen. Umgekehrt können diese den älteren Bewohnern Hilfsdienste im Haushalt oder beim Einkaufen anbieten.

Der Vorteil eines derartigen Konzepts reicht weit über den praktischen Nutzen hinaus. Die Freude, als älterer Mensch ohne eigene Familie das Heranwachsen von Kindern mitzuerleben, kann die Lebensqualität enorm steigern. Junge Familien wiederum, die keine Großeltern im unmittelbaren Umfeld haben, genießen die Beziehung zur Ersatz-Oma oder dem Ersatz-Opa. Gerade auf dieser eher familiären Ebene kann ein reger Austausch entstehen, der alle Beteiligten zufriedener und unabhängiger machen kann. So wird der sozialen Isolation älterer Menschen sowie alleinerziehender Mütter oder Väter entgegengewirkt und das Verständnis der verschiedenen Generationen untereinander gefördert.

Für beide Wohnformen ist ein hohes Maß an Toleranz und Aufgeschlossenheit erforderlich. Denn in beiden Fällen leben Menschen in unterschiedlichsten Lebenssituationen in einer relativ engen Nachbarschaft zusammen, was auch zu Konflikten führen kann. Rücksichtnahme, das Interesse an anderen Menschen und vor allem Kontaktfreudigkeit sind Vorraussetzung, um sich in einer dieser Wohnformen wohl zu fühlen. Ist diese Voraussetzung vorhanden, kann das Miteinander in einer derart gestalteten Nachbarschaft für ältere Menschen nicht nur die Sicherheit stets verfügbarer Hilfe bieten, sondern auch belebend wirken, den Horizont erweitern und damit zu einer unschätzbaren Bereicherung des eigenen Lebens führen.

Vorteile

– Sicherheit durch nachbarschaftliche Hilfe
– Möglichkeit vieler persönlicher Kontakte
– Verschiedenste Anregungen durch gemischte Bewohnerschaft

Mögliche Nachteile

– Unter Umständen Konflikte durch enge Nachbarschaft
– Abgrenzung nach außen nur bedingt möglich

Internet-Tipp

www.senioreninformation.de/intwo3.htm

Wohnanlage in Kempten

Lage und Ausgangssituation

Im Jahr 1994 entstand in unmittelbarer Nähe zur Altstadt von Kempten im Allgäu eine Hausgruppe für Integriertes Wohnen. Die mehr als 120 Meter lange Hauszeile ist in drei Gebäudeabschnitte geteilt und folgt dem gekrümmten Verlauf der Iller sowie der Brennergasse. Dadurch bildet sie den Abschluss des Stadtviertels »Unter der Burghalde«. Hohe Durchgänge zwischen den Gebäudeabschnitten gliedern die lange Hauszeile und verlängern die auf die Brennergasse zulaufenden Querstraßen optisch, wodurch Blickachsen vom Viertel in die Flussauen entstehen.

Das Architekturbüro »Gruppe 4 Plus« erhielt über einen ersten Preis im Realisierungswettbewerb den Planungsauftrag. Der für dieses Projekt verantwortliche Karlsruher Architekt Alexander Grünenwald (heute Grünenwald und Heyl Architekten) wurde zusammen mit Herrn Eckhard P. Rieper, dem damaligen Geschäftsführer des Bauherrn, der Sozialbau Kempten, für dieses beispielhafte Wohnmodell im Jahre 1994 mit dem Deutschen Städtebaupreis ausgezeichnet.

Architektonisches Konzept

Die gesamte Anlage bietet mit insgesamt 57 Wohnungen Platz für unterschiedlichste Haushaltsformen. Studenten, Körperbehinderte und Senioren, kinderreiche Familien und Alleinerziehende, Sozialmieter und Wohnungseigentümer sind unter einem Dach vereint. Eine Tagespflegeeinrichtung sowie ein Café ergänzen einige in der näheren Umgebung vorhandene soziale Einrichtungen.

Die überwiegend einbündige Erschließung der Wohnungen über verglaste Laubengänge sowie direkt von außen zugängliche Lifte sollen ein Gefühl von Sicherheit vermitteln. Jedem Gebäudeabschnitt wurde eine Farbe zugeordnet, die sich bereits auf den Aufzugstüren zeigt, sich in den Treppenhäusern und Laubengängen fortsetzt und so die Orientierung erleichtert.

Durch das die gesamte Anlage bestimmende Grundraster mit seinen gleichen Achs- und Schottenabständen konnten die Grundrisse flexibel gestaltet und unterschiedlichsten Bewohnerwünschen angepasst werden. Dadurch können die überwiegend barrierefrei gestalteten Wohnungen von Senioren, aber auch von Familien mit Kindern genutzt werden. Nur die Studentenwohnungen im Dachgeschoss des mittleren Gebäudes sind mit ihren Emporen als einzige zweigeschossig und werden über eine gemeinsame Dachterrasse barrierefrei erschlossen. Auch sie wären, vielleicht mit Ausnahme der Empore, für Senioren geeignet.

Im nördlichen Gebäudeabschnitt befindet sich eine öffentliche Tagespflegeeinrichtung mit 24 Plätzen. Hier werden vor allem Demenzkranke betreut. Die hellen und sehr freundlich gestalteten Räume haben einen wohnzimmerähnlichen Charakter, die großzügige Verglasung bietet den Tagesgästen einen fantastischen Blick auf die Flusslandschaft der Iller. Gegenüber liegen Ruheräume sowie ein geräumiger Balkon, der mit Pflanzkübeln und Kräuterbeeten gestaltet ist. Ein modernes Pflegebad, das von sämtlichen

Breite Durchgänge gliedern die lange Hauszeile und schaffen Blickbezüge von der Straße zu den Flussauen.

Bewohnern der Anlage nach Voranmeldung benutzt werden kann, gehört ebenfalls zur Ausstattung.

Die gesamte Hausgruppe bietet durch die starke Gliederung mit Vor- und Rücksprüngen vielfältige und gut nutzbare Freiräume. Nischen und Aufweitungen vor den Wohnungen gliedern die verglasten Laubengänge und fördern die Kommunikation und den Kontakt unter den Bewohnern, Aufweitungen über den Durchgängen werden zu Gemeinschaftsbalkonen oder Freisitzen. Auf der dem Fluss zugewandten Gebäudeseite wurde ein Gemeinschaftsgarten angelegt, der von den Bewohnern selbst gestaltet werden konnte.

Das Konzept der Barrierefreiheit bezieht sich nicht nur auf die Wohnanlage, sondern setzt sich in der Freiflächengestaltung fort – so wurde zum Beispiel die verkehrsberuhigte Brennergasse gepflastert und der Fußweg

nur durch eine leichte Vertiefung anstelle der früheren Bordsteinkante von der Straße abgesetzt.

Wohnkonzept

Die Grundidee bei dieser Wohnform bestand darin, unterschiedlichste Bewohnergruppen, darunter auch Senioren, in einer gemeinsamen Wohnanlage unterzubringen und gegenseitiges Verständnis und Unterstützung sowie die Kommunikation untereinander zu fördern. Daher waren besonders für Studenten und Behinderte auch Wohngemeinschaften vorgesehen. Eingebunden in eine große und verantwortungsbewusste Nachbarschaft sollten die Bewohner die Möglichkeit haben, bis ins hohe Alter selbstständig zu leben und dennoch jederzeit im Bedarfsfall Hilfe zu erhalten.

Potenzielle Bewohner wurden frühzeitig

Direkt am Ufer der Iller erstrecken sich die abwechslungsreich gestalteten Hausgruppen.

Lageplan

Besonderheit

Das Konzept der Integration unterschiedlicher sozialer Gruppen in nachbarschaftliche Strukturen hat sich in Kempten bewährt. Es beschränkt sich nicht nur auf den Neubau selbst, sondern wurde durch die barrierefreie Gestaltung der Straßenräume auf das gesamte Stadtviertel ausgeweitet.

Diese Wohnform eignet sich besonders für Menschen, die den Problemen anderer gegenüber aufgeschlossen und zu Engagement in der Gemeinschaft bereit sind.

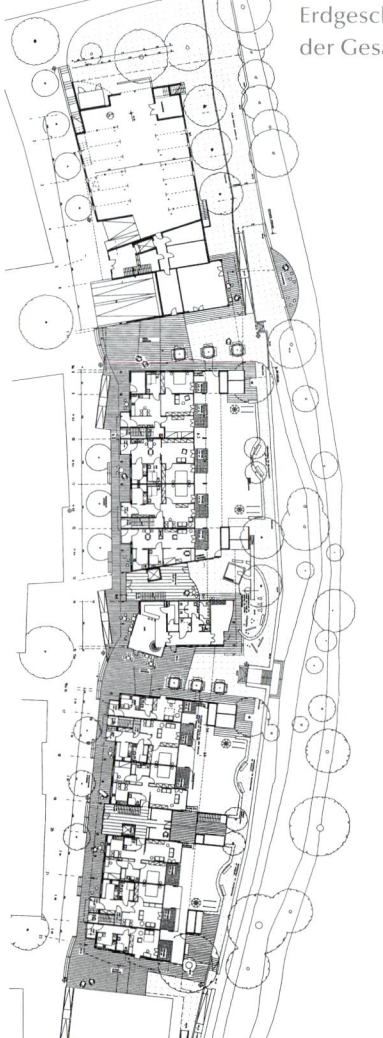

Erdgeschossgrundriss der Gesamtanlage

Oben: Auch der Straßenraum wurde in das Konzept der barrierefreien Erschließung mit einbezogen. So wurden zum Beispiel die Fußwege nur durch eine leichte Vertiefung im Boden von der Straße abgesetzt. **Rechte Seite:** Laubengänge erschließen die Wohnungen, die Lifte sind von außen zugänglich.

ausgewählt und an der Planung beteiligt. Dadurch konnten nicht nur die Grundrisse individuell abgeändert und zum Beispiel an die persönlichen Bedürfnisse von Behinderten angepasst werden, sondern es entstanden schon vor dem Einzug nachbarschaftliche Kontakte. Über ein eigens für dieses Wohnprojekt entwickelte Netzwerk wird jedem Bewohner gegen einen geringen monatlichen Beitrag eventuell benötigte Hilfe vermittelt, die dann durch ehrenamtliche Nachbarschaftshilfe oder professionelle hauswirtschaftliche und pflegerische Dienste geleistet wird.

WOHNUNGSANZAHL
57
PREISE
Kaltmiete für öffentlich geförderte Wohnungen:
4,97 bis 5,32 €/m^2
Eigentumswohnung, 1994:
umgerechnet 2400 bis 2550 €/m^2
STELLPLÄTZE
Tiefgaragenstellplätze vorhanden
SERVICE-ANGEBOT
wird individuell vermittelt

ANSCHRIFT
Integriertes Wohnen Kempten
Brennergasse 6–12
87435 Kempten

BETREIBER
Die Sozialbau
Allgäuerstraße 1
87435 Kempten
Tel: 08 31-2 52 87-0

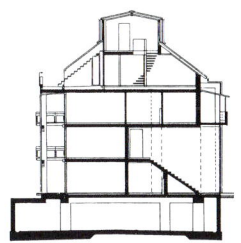

Schnitt

Erdgeschoss

1. Obergeschoss

2. Obergeschoss

1. Obergeschoss
Therapeutische WG

2.Obergeschoss
Tagespflege

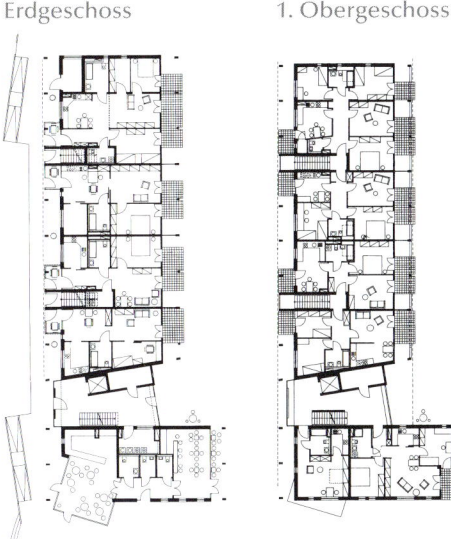

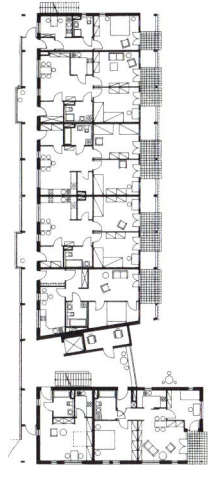

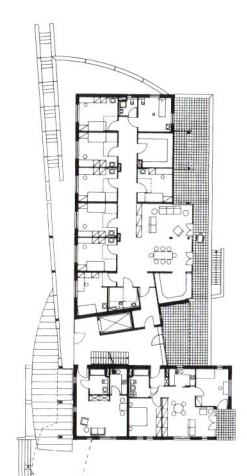

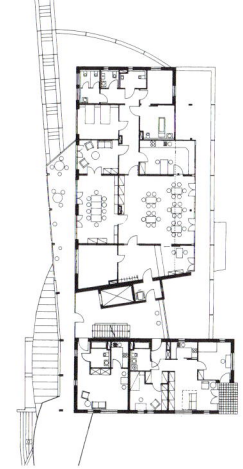

Mittlerer Gebäudeabschnitt

Nördlicher Gebäudeabschnitt

Mehrfamilienhaus in Deggendorf

Lage und Ausgangssituation

Im niederbayrischen Deggendorf entstand im Ortsteil Schaching ein barrierefreies Mehrfamilienhaus mit acht Wohneinheiten für Integriertes Wohnen. Auf Grund der zentrumsnahen Lage sind für die Bewohner – Behinderte wie Nichtbehinderte, Alte und Junge – alle öffentlichen Versorgungseinrichtungen gut erreichbar.

Das Projekt – Bauherr war die Stadt Deggendorf – ist das zweite der Modellvorhaben dieser Art in Bayern, die im Rahmen des Sozialen Wohnungsbaus verwirklicht wurden. Das Münchner Architekturbüro Johann und Sibylle Ebe erhielt hierfür im Jahr 1994 den Gestaltungspreis der Wüstenrot Stiftung.

Architektonisches Konzept

Wegen der geringen Grundstücksgröße wählten die Architekten für den dreigeschossigen Baukörper einen einfachen rechteckigen Grundriss und setzten das Dachgeschoss zurück. Dies ermöglichte eine Kombination aus Satteldach und Pultdächern und führte zu einer abwechslungsreichen Dachgestaltung. Erd- und Obergeschoss des in konventioneller Mischbauweise errichteten Gebäudes haben tragende Innen- und Außenwände aus Ziegel, das zurückgenommene Dachgeschoss gedämmte und mit Holz verschalte Außenwände aus Stahlbeton. Die blau lasierte Holzverschalung wurde an den Giebelseiten bis zum Boden heruntergeführt. Hierdurch und durch die flachgeneigten, mit Wellblech gedeckten Dächer erhält das Haus seinen ganz eigenen Charakter und fügt sich zugleich harmonisch in das dicht bebaute Umfeld ein.

Der von Süden zugängliche Eingangsbereich wird über eine leicht ansteigende Rampe erschlossen. Er dient gleichzeitig als Kommunikationsbereich, ist über zwei Geschosse voll verglast und um die Breite der Treppe nach außen versetzt. Dadurch sind die Flure vor den Wohnungseingängen taghell. Gleichzeitig entstand im Obergeschoss über dem Eingang ein zusätzlicher Platz für eine Sitzgruppe am Fenster.

Im Erd- und im Obergeschoss gibt es je eine 3-Zimmer-Wohnung und 2-Zwei-Zimmer-Wohnungen in der Größe von 49 bis 81 Quadratmetern. Die Wohnungen sind barrierefrei, die vier Wohnungen an den Giebelseiten zudem rollstuhlgerecht nach DIN

Die Kombination von Pult- und Satteldach verleiht dem Baukörper sein charakteristisches Profil.

18025 Teil 1 ausgebaut. Zwei dieser Wohnungen haben eine zum Wohnraum hin offene Küche sowie Schiebetüren zu Bad und Diele. Die Bodenbeläge bestehen aus pflegeleichtem Linoleum. Die 2-Zimmer-Wohnungen im Dachgeschoss werden ausschließlich über eine Treppe erschlossen und sind ebenfalls barrierefrei.

Zu jeder Wohnung im Erd- und Obergeschoss gehört entweder ein Balkon oder eine Terrasse, die nach Westen zum Garten orientiert sind und von den Aufenthaltsräumen aus erschlossen werden.

Wohnkonzept

Die Bewohner leben völlig eigenständig und können sich bei Bedarf gegenseitig unterstützen und auch Hilfe von außen hinzuziehen. Ein eigens für diese Wohnanlage erstelltes Betreuungskonzept ist nicht vorgesehen. Die Nähe zu den öffentlichen Versorgungseinrichtungen und einer großen Pflegeeinrichtung erlaubt es den Bewohnern, mög-

lichst lange selbstständig zu leben und am gesellschaftlichen Leben der Stadt teilzunehmen.

Für die Kommunikation innerhalb der Hausgemeinschaft ist der Garten besonders wichtig. Daher wurde der Gestaltung des Freibereichs besondere Aufmerksamkeit gewidmet. Einige Pflanzbeete im gemeinschaftlichen Nutzgarten wurden beispielsweise mit einer Erhöhung von 60 Zentimetern als Hochbeete angelegt, wodurch sie sich leichter pflegen lassen, auch von Rollstuhlfahrern. Außerdem kann jeder ohne umständliches Bücken Gemüse oder Kräuter ernten. Für private Bereiche sorgen berankte Stahlkonstruktionen auf der Gartenseite, die Terrassen und Balkone gegen seitliche Einblicke abschirmen.

Besonderheit

Bei der Planung dieses Mehrfamilienhauses wurde bis ins kleinste Detail die DIN-Norm 18025 berücksichtigt. Dies zeigt sich unter

Die Balkone und Terrassen auf der Westseite sind zum Gemeinschaftsgarten orientiert.

Oben, unten und rechte Seite: Der verglaste Eingangsbereich ist um die Breite der Treppe nach außen versetzt. Der so entstandene taghelle Raum wird von den Bewohnern auch als Treffpunkt genutzt.

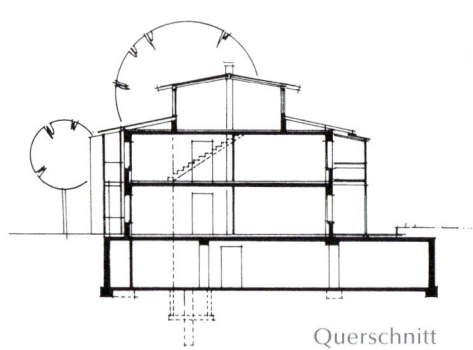

Querschnitt

anderem an der elektrisch betriebenen, selbst schließenden Schiebetür am Hauseingang sowie an den in Küchen und Bädern elektrisch zu öffnenden Fenstern. In einigen Wohnungen wurden Schiebetüren anstatt herkömmlicher Türen verwendet, was besonders Rollstuhlfahrern die Bewegung in der Wohnung erleichtert.

Mit diesem Modellprojekt wurde erstmals untersucht, welche Kosten durch die Anwendung der DIN 18025 Teil 2 entstehen und ob barrierefreies Bauen fester Bestandteil des öffentlich geförderten Wohnungsbaus werden kann. Dabei ergab sich, dass bei vorausschauender Planung keine Mehrkosten entstehen müssen.

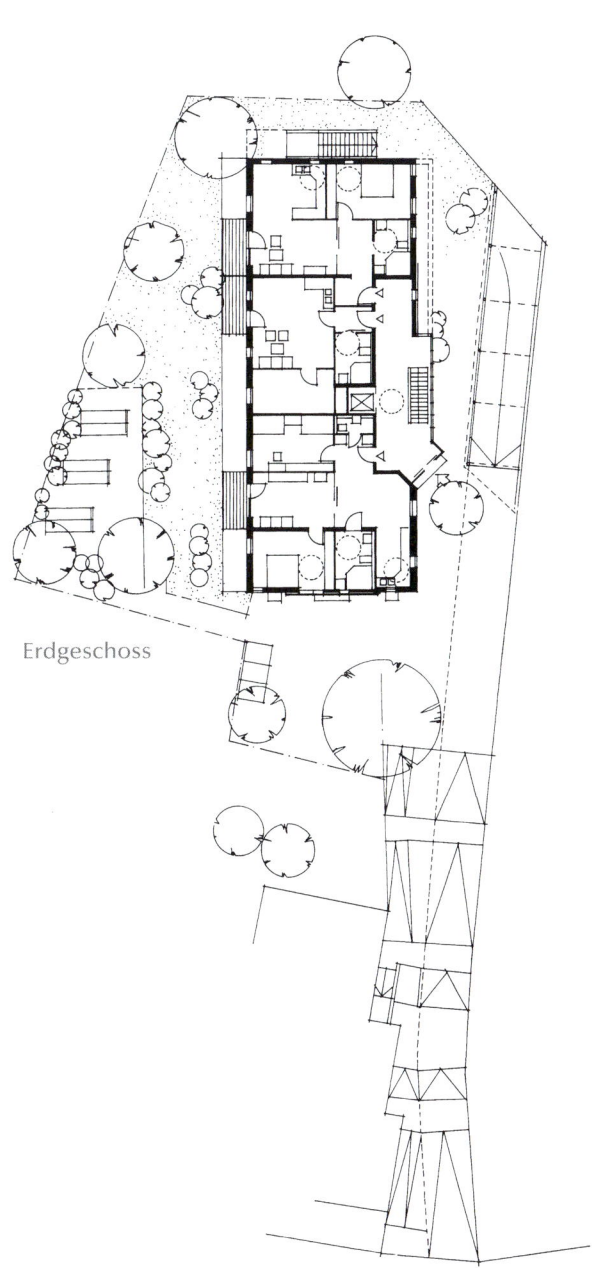

Erdgeschoss

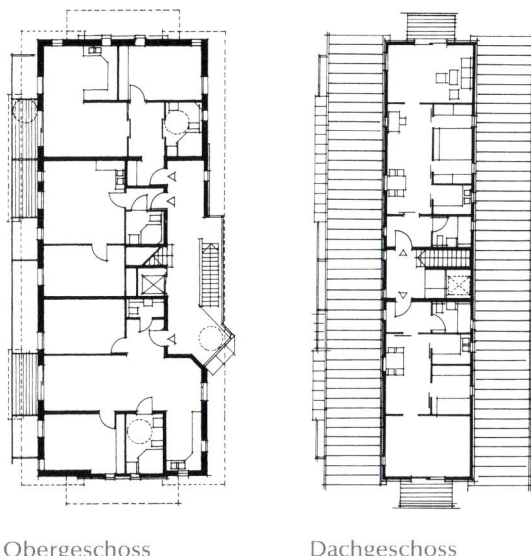

Obergeschoss   Dachgeschoss

ANZAHL DER WOHNUNGEN
8
MIETE
ca. 5,60 €/m² (ortsübliche Sozialmiete)
STELLPLÄTZE
Tiefgarage vorhanden
GRUNDSTÜCKSFLÄCHE
1070 m²
GESCHOSSFLÄCHE
713 m²
WOHNFLÄCHE
550 m²
BAUKOSTEN
867 000 Euro

Generationenhaus West in Stuttgart

Lage und Ausgangssituation

Im Stuttgarter Westen, einem gewachsenen, dicht bebauten Viertel mit Häusern aus der Gründerzeit, steht in der Ludwigstraße das Generationenhaus der Rudolf und Hermann Schmid Stiftung. Neben dem Betreuten Wohnen für Senioren und einer Kindertagesstätte gibt es im Haus verschiedene öffentliche Einrichtungen, die allen Bewohner des Stadtviertels offen stehen. Oberstes Ziel bei der Planung war, die verschiedenen Generationen nicht voneinander zu isolieren, sondern durch möglichst viele Gemeinschaftsbereiche zusammen zu bringen.

Der Architekt Sven Kohlhoff wurde im Jahr 2002 für dieses in Deutschland einzigartige Projekt von der Architektenkammer Baden-Württemberg für »Beispielhaftes Bauen« ausgezeichnet und erhielt zudem im selben Jahr die Auszeichnung »Gute Bauten« vom Bund Deutscher Architekten.

Architektonisches Konzept

Das durchgängig barrierefrei ausgebaute Generationenhaus besteht aus zwei hintereinander angeordneten Baukörpern, die über eine verglaste Halle miteinander verbunden sind. Das vordere Haus ist massiv, nimmt durch den Höhensprung im Dach die unterschiedlichen Höhen der Nachbarhäuser auf und fügt sich mit seiner glatten Klinkerfassade städtebaulich harmonisch ins Viertel ein. Im Erdgeschoss befindet sich die Verwaltung sowie ein öffentliches Café, dessen Küche pro Tag 500 Essen auch für benachbarte Einrichtungen bereitstellt. Zentrales Element im Eingangsbereich ist der über Eck geführte und

mit Sperrholzplatten aus Seekiefer verkleidete Informationstresen, an dem auch Getränke und kleine Snacks angeboten werden. Er ersetzt das in großen öffentlichen Häusern übliche schriftliche Leitsystem und fördert dadurch die Kommunikation. Aktuelle Informationen werden auf großen Schiefertafeln an den Seiten angeschrieben. Diese können zugeschoben werden und schließen so die Snack- und Info-Bar nach Betriebsschluss komplett ab.

In den drei oberen Etagen des zum Teil fünfgeschossigen Massivbaus befinden sich die Seniorenwohnungen – insgesamt 20 Apartments in der Größe von 45 bis 60 Quadratmetern, die Platz für zehn kleine Wohngemeinschaften bieten und jeweils über einen vollständig verglasten Laubengang erschlossen werden. Jeder Bewohner hat einen separaten Zugang zu seinem Apartment mit eigenem Bad und Wohn-Schlafraum, nur die Wohnküche mit dem Wintergarten wird von je zwei Bewohnern gemeinsam genutzt. Diese Wohnform soll der Isolation im Alter entgegenwirken und den Gemeinschaftsgeist, der das gesamte Haus prägt, fördern.

Sämtliche Wohnräume sind nach Süden zum grünen Innenhof hin orientiert. Die terrakottafarbenen Wände und der sonnengelbe Linoleumboden in den Laubengängen und Treppenhäusern verleihen dem gesamten Erschließungsbereich einen freundlichen Charakter. Der gelbe Linoleumboden zieht sich durch die gesamte Anlage und soll dadurch die Zusammengehörigkeit aller Räume betonen. Die großzügige Verglasung der Laubengänge zur Straßenseite zusammen mit der hellen Beleuchtung am Abend lässt das Gebäude nicht

Der Baukörper nimmt durch den Höhensprung im Dach die Höhen der jeweiligen Nachbarhäuser auf.

Zentrales Element in
der Eingangshalle ist
der Informations-
tresen, der im Haus
ein schriftliches Leit-
system ersetzt. Die
Schiefertafeln lassen
sich zuschieben und
verschließen dann
die Bar.

Das öffentliche Café
Ludwigslust bietet
nicht nur den Senio-
ren einen Mittags-
tisch, sondern ist
auch Treffpunkt von
Mutter-Kind-Gruppen.

nur sehr transparent wirken, sondern bietet nachts auch Schutz, da der gesamte Erschließungsbereich von außen einsehbar ist.

Das rückwärtige Haus ist in Holzskelettbauweise errichtet und ausschließlich nach Süden orientiert. Es hat zum großen grünen Innenhof – in diesem dicht bebauten Viertel eine Besonderheit – eine stark gegliederte Fassade. Eine vorgelagerte Stahlkonstruktion dient als Befestigungsmöglichkeit für den Sonnenschutz und zugleich als Rankgerüst für blaue Glyzinien, die im Sommer die Fassade schmücken und Schatten spenden. Im Erdgeschoss befindet sich das öffentliche Café, in den beiden Obergeschossen ist eine städtische Kindertagesstätte mit insgesamt 125 Plätzen untergebracht. Jeder Kindergruppenraum hat eine Galerie und einen eigenen Zugang ins Freie auf eine große Holzterrasse,

von der aus eine lange Rampe in den Garten führt. Auf der Galerie über dem Kindertrakt befinden sich neben einer weiteren Spielebene die Personalräume, Büros, Bastel- und Malräume und ein Computerraum. Eine Besonderheit: In jedem Kindergruppenraum steht ein Baum – Sturmopfer aus dem Jahr 1999 – der nicht nur die Holzbalkendecke mitträgt, sondern jedem Gruppenraum einen individuellen Charakter verleiht.

Das ursprünglich für die Seniorenwohnungen und die Kindertagesstätte vorgesehene getrennte Raumprogramm ersetzte der Architekt durch ein ungewöhnliches räumliches Konzept: Alle Bewohner im Haus haben Zugang zu allen Bereichen, sodass beispielsweise die Senioren die Bastel- und Computerräume des Kindergartens mitnutzen können. Dies fördert die Gemeinschaft und die älteren Menschen können aktiv am Leben im Haus teilhaben.

Eine von außen gut sichtbare Rampe führt zusätzlich zu Treppe und Lift nach oben. Durch die vollflächige Verglasung nimmt sie die Ludwigstraße auf und verlängert sie optisch ins Innere des Hauses. Der auf diese Weise demonstrierte Öffentlichkeitsbezug soll zum Betreten des Hauses einladen.

Die große Dachterrasse über dem vierten Geschoss bietet einen herrlichen Blick über den Stuttgarter Kesselrand. In der Mitte der Terrasse wurde ein Lavendelfeld angelegt, um das ein Rundweg führt, der auch für Gehwagen geeignet ist. Die Brüstung aus Glas bietet Schutz vor Wind, eine breite, überdachte Zone zusätzlich vor Regen und Sonne.

Die Architektur wird allen Nutzern gerecht. Das Generationenhaus ist barrierefrei nach DIN 18025 ausgebaut, ein wichtiges Kriterium sowohl für die älteren Bewohner als auch für Eltern mit Kinderwagen. An den Treppen und Rampen sind zwei verschieden hohe Handläufe angebracht, davon einer in Kinderhöhe. Sämtliche Brüstungen sind zur Sicherheit der Kinder 1,10 Meter hoch anstatt der üblichen 90 Zentimeter. Viel Glas und Holz sorgen für lichtdurchflutete, wohnliche Räume, auch die Erschließungsbereiche wurden nicht als reine Flure, sondern als Galerien und Raumbereiche gestaltet.

Wohnkonzept

Der öffentliche Bereich des Hauses im Erdgeschoss bietet Information, Begegnung zwischen Alt und Jung, verschiedene Dienstleistungen sowie Veranstaltungen. Der Verein »Freie Altenarbeit« hat hier seine Büros und der Verein »Eltern-Kind-Zentrum Stuttgart West (EkiZ)« betreibt hier nachbarschaftliche Projekte. Dies beginnt bei der Infobar und dem öffentlichen Café Ludwigslust, in dem täglich ein Mittagstisch für die betagten Bewohner geboten wird, und reicht über das Angebot einer stundenweisen Kinderbetreuung bis hin zu Mutter-Kind-Gruppen und einem Second-Hand-Shop, der auch von der Straße aus zugänglich ist. Bei diesen Projekten kann jeder mitarbeiten und seine individuellen Talente einbringen. Die Senioren können sich beispielsweise an der Kinderbetreuung beteiligen oder auch Hausmeistertätigkeiten übernehmen. Auch Arbeitslose oder Frührentner aus dem Stadtviertel werden hier gerne gegen Entlohnung beschäftigt.

Die Senioren wohnen selbstständig in den oberen Stockwerken des Vorderhauses und können das so genannte Basispaket des Wohlfahrtswerks für Baden-Württemberg, das im Mietpreis inbegriffen ist, in Anspruch nehmen. Hierzu gehören neben dem rund um die Uhr besetzten Notruf mit Wechselsprechanlage auch Beratungen, Organisation von interkul-

Links: Schmale Fensterstreifen über der Küchenzeile ermöglichen Blickbezüge zum verglasten Laubengang.

Mitte: Die Erschließungswege im Haus sind übersichtlich und führen zuweilen zu interessanten Ausblicken.

Rechts: Die Wohnungen sind über die gesamte Rückseite durch große Fenster zum Garten hin belichtet.

Vom Garten aus führt eine lange Rampe zum Kindergartentrakt, die auch als Spielfläche rege genutzt wird. Im Hintergrund ist der Massivbau mit den Seniorenwohnungen zu sehen.

Besonderheit

Das Generationenhaus dient als Familienersatz im Stadtviertel. Charakteristisch ist der zwanglose Stil, durch den die Kommunikation zwischen allen Generationen gefördert wird und der oft zu dauerhaften Freundschaften führt. Um die praktische Umsetzung dieses Konzepts eines sozialen Netzwerks zu fördern, wurden die späteren Nutzer von Anfang an bei der Planung mit einbezogen.

WOHNUNGSANZAHL
10 (für insgesamt 20 Bewohner)
PREISE
Kaltmiete (aktueller Stand im Mai 2003): monatlich 8,90 bis 9,50 €/m² inkl. Basispaket bestehend aus Notruf und Betreuung
Betriebskosten: ca. 2,50 €/m² und Monat
Dienstleistungsentgelt: 105 €/Monat
ANGEBOTE IM HAUS
Kindergarten, öffentliches Café, kulturelle Veranstaltungen, nachbarschaftliche Projekte
STELLPLÄTZE
Tiefgaragenplätze vorhanden (65 €/Monat)
SERVICE-ANGEBOT
kann bei einem ambulanten Dienst individuell bestellt werden

ANSCHRIFT
Rudolf Schmid und Hermann Schmid Stiftung
Generationenhaus Stuttgart West
Ludwigstraße 41 + 43
70176 Stuttgart
Tel. 07 11-2 16 16 58
Fax: 07 11-2 16 16 80
E-mail: generationshaus-west@stuttgart.de
www.generationenhaus-west.de

Betreutes Wohnen: Frau Susanne Toni
Tel: 07 11-2 63 55 08
E-mail: generationenhaus.west@ wohlfahrtswerk.de

turellen Begegnungen und Fortbildungen, die Förderung gegenseitiger Unterstützung im Haus sowie die Vermittlung von pflegerischen und hauswirtschaftlichen Dienstleistungen. Diese werden dann leistungsbezogen mit dem jeweiligen ambulanten Dienst abgerechnet.

Die Bewohner können nach Belieben zurückgezogen in ihrem Apartment ruhig wohnen oder am lebhaften Treiben im Haus aktiv oder passiv teilhaben.

Das Publikum im Generationenhaus ist buntgemischt. Besonders ältere Leute aus der Nachbarschaft und junge Mütter finden sich hier gerne ein, um das vielfältige Angebot zu nutzen oder einfach nur, um in ruhiger, entspannter Atmosphäre Kontakte zu knüpfen.

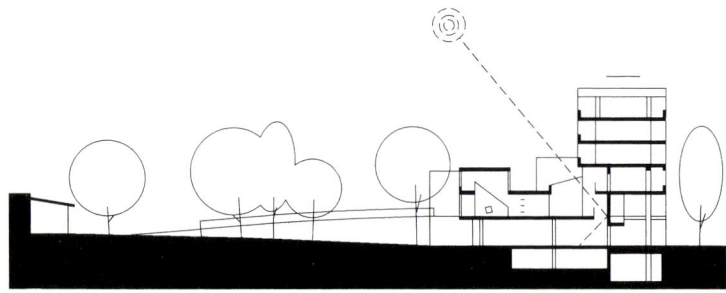

Querschnitt

Grundriss einer Seniorenwohnung

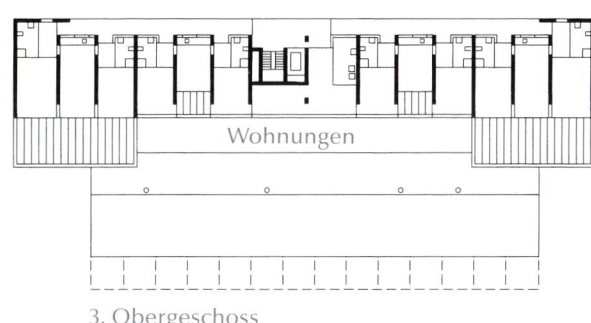

3. Obergeschoss

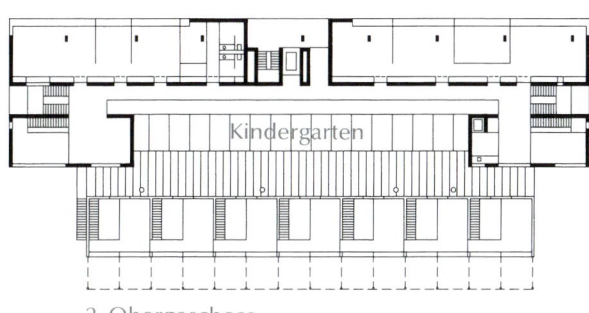

2. Obergeschoss

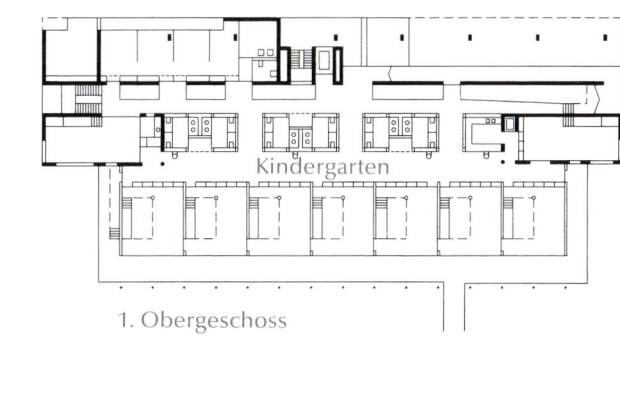

1. Obergeschoss

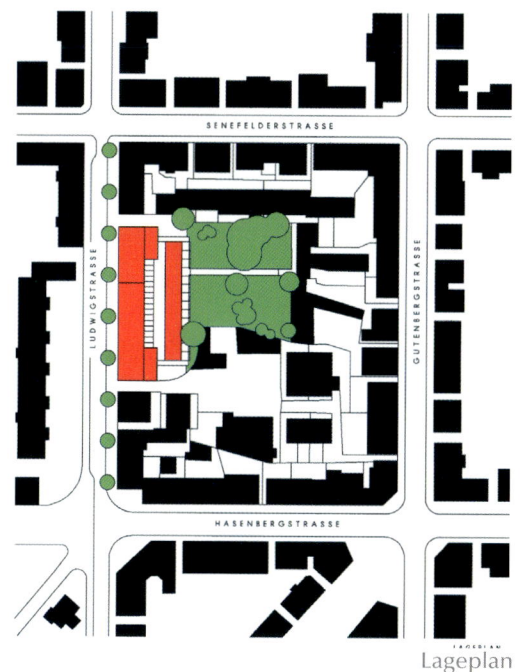

Lageplan

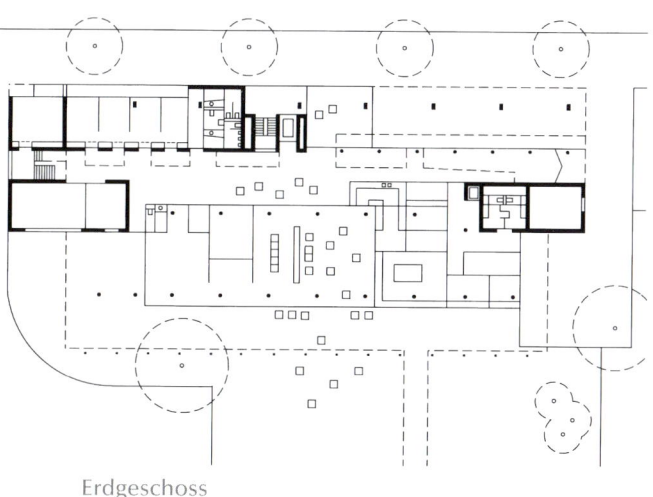

Erdgeschoss

Generationenhaus West in Stuttgart   85

Multavita-Hof, Bremen

Lage und Ausgangssituation

In einem ruhigen Wohnviertel der Bremer Neustadt – im ehemaligen Tabaksquartier südlich der Weser – liegt der Multavita-Hof, der auch Beginenhof genannt wird. Dieser Name soll an die Beginen erinnern – Frauen im Mittelalter, die alleinstehend oder verwitwet waren und anstatt zu heiraten oder in ein Kloster einzutreten sich zu einer autonomen Wohn- und Wirtschaftsgemeinschaft zusammenschlossen.

Ein ähnliches Konzept schwebte auch den Gründerinnen des Bremer Multavita-Hofs – dem größten Frauenwohnprojekt Deutschlands – vor.

Das Modellprojekt wurde 2001 von der UN mit dem internationalen Preis der Habitat-Jury als eins von neun Projekten weltweit ausgezeichnet und in die »Scroll of honour« übernommen.

Architektonisches Konzept

Die Hamburger Architektin Alexandra Czerner, die seit zehn Jahren an Multavita-Konzepten und -Projekten arbeitet, ergänzte

zunächst mit der Gebäudegruppe die Blockrandbebauung des Viertels. So integrierte sie das 6000 Quadratmeter große Grundstück städtebaulich in das seit mehr als 100 Jahren bestehende Umfeld. Durch die moderne Formensprache hebt sich die Anlage jedoch gleichzeitig von ihrer Umgebung ab. Vier sich aufeinander beziehende Baukörper sind auf einer gedachten Spirallinie um einen Hof und einen öffentlichen Platz angeordnet.

Die Spirale als das Logo des Projekts soll die Dynamik des Lebens symbolisieren. Die Gebäudesegmente umschließen verschiedene Freibereiche und bieten vielfältige Erlebnisräume: Innenhof, Garten sowie öffentliche und halb private Gemeinschaftsräume.

Die gesamte Anlage ist barrierefrei gestaltet. Sie bietet im Erdgeschoss Platz für gewerbliche Räume, für ein Restaurant und einen Kindergarten und im Obergeschoss für insgesamt 85 Wohnungen in der Größe von 45 bis 120 Quadratmetern. Die farblich hervorgehobenen Treppenhäuser dienen als optische Trennelemente zwischen den verschiedenen Wohnungsgruppen, in denen beispielsweise nach Wunsch überwiegend alleinerziehende Mütter oder ältere Damen wohnen können. Auch Wohnabschnitte mit gemischten sozialen Strukturen sind vorhanden. Die Laubengänge sind nicht nur als reine Erschließungszonen, sondern auch als Begegnungsfläche und Kommunikationsbereich gedacht. Vor- und Rücksprünge in der Fassade, Abstufungen in der Höhe sowie kleinteilige Abschnitte in verschiedenen Erdfarben gliedern die langen Baukörper und verleihen ihnen einen frischen, unkonventionellen

Charakter. Die Wohnanlage ist nach allen Seiten hin offen, sodass sich beim Durchschlendern ständig neue Raumeindrücke ergeben. Zentraler Bereich ist der Innenhof, der den Bewohnerinnen als Treffpunkt und Ruhezone dient.

Durch die Schottenbauweise und die leichten Trennwände im Innern sind die Grundrisse sehr flexibel. Wohneinheiten lassen sich beispielsweise problemlos zu größeren Wohnungen zusammenschließen. Alle Wohnungen haben Balkone oder Loggien und sind zusätzlich mit fast knietiefen französischen Fenstern ausgestattet, die viel Licht hereinlassen und auch bei Bettlägerigkeit den Blick nach draußen ermöglichen.

Wohnkonzept

Der Multavita-Hof Bremen ist auf Wunsch der Bauherrinnen Frauen vorbehalten. Er soll Frauen aus unterschiedlichen Generationen einen qualitativ hochwertigen und geschützten Lebensraum sowie alleinerziehenden Müttern Möglichkeiten zur Kinderbetreuung bieten.

Darüber hinaus sollte Frauen mit Gewalterfahrungen ein Leben ohne männlich dominierte Nachbarschaft ermöglicht werden.

Wesentliche Bestandteile der Gründungsphilosophie sind Zusammengehörigkeit und Verantwortungsgefühl unter den Bewohnerinnen, jedoch ohne lebenslange Pflichten oder Abhängigkeiten. Das heißt, dass – bei aller individueller Selbstständigkeit – nach dem Prinzip der Wahlverwandtschaft unterstützende Beziehungen quer durch die Generationen entstehen können, wodurch sich die Frauen teure Dienstleistungen von außen sparen können. Diese sollten innerhalb der Gemeinschaft im Tausch erbracht werden, zum Beispiel Kinderbetreuung durch ältere Bewohnerinnen gegen Hilfe und Unterstützung durch Jüngere.

Die Durchmischung von Wohnen und Arbeiten, von Privatheit und Öffentlichkeit sowie von Alt und Jung ist ein charakteristisches Merkmal der Anlage und trägt wesentlich zur Förderung der Kommunikation nach innen und außen bei. Für das Bremer Modell wurde eine Genossenschaft gegründet und ein Mischkonzept von Eigentums- und günstigen Mietwohnungen erstellt.

Besonderheit

Der Multavita-Hof ist ein Modellprojekt für das autonome Wohnen und Wirtschaften von Frauen allen Alters in einer gemeinschaftlichen Wohnanlage. Besonders auch allein erziehende Mütter und allein stehende Seniorinnen profitieren von der generationenübergreifenden Unterstützung der Bewohnerinnen untereinander.

Diese Wohnform ist für allein stehende Frauen geeignet, die Wert auf Nachbarschaftshilfe und Kommunikation legen und ein ruhiges städtisches Umfeld schätzen.

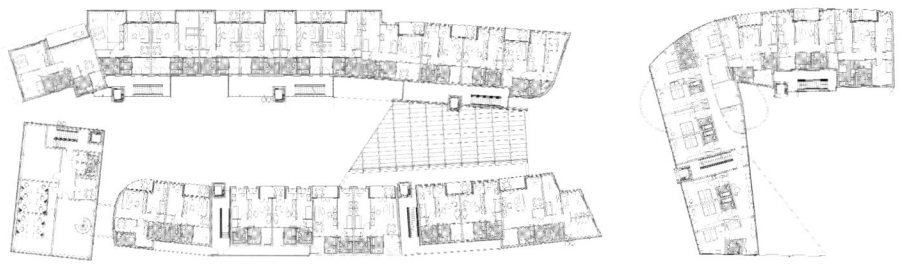

1. Obergeschoss

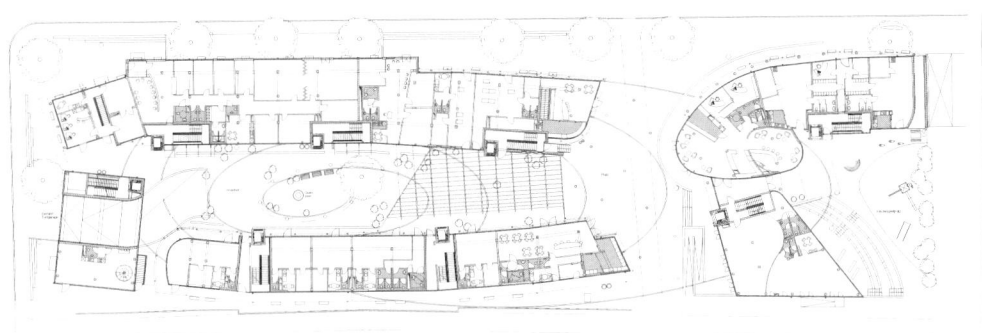

Erdgeschoss/Außenraumplanung

Ansicht von Nordosten

Der Innenhof ist sowohl Ruhezone als auch Treffpunkt.

Halbprivate Bereiche wie die Laubengänge fördern spontane
Begegnungen der Bewohnerinnen.

WOHNUNGSANZAHL
85
STELLPLÄTZE
Tiefgarage
SERVICE-ANGEBOT
keines, gegenseitige Hilfe auf freiwilliger Basis
INFRASTRUKTUR
Läden und Kindertagesstätte im Erdgeschoss
KOSTEN
Kaltmiete: 6,75 €/m²
Nebenkosten: 1,75 €/m²
Anteil für Gemeinschaftsraum: 10 €/Monat

ANSCHRIFT
Bremer Beginenhof Modell e.V.
Beginenhof 9
28201 Bremen
www.beginenhof.de

Büro-Vorstand:
Dr. Erika Riemer-Noltenius
Langenstraße 68
28195 Bremen
Tel: 04 21-30 27 11
Fax: 04 21-1 80 91
E-mail: info@beginenhof.de

In der eigenen Wohnung bleiben – Wohnraumanpassung

Die allermeisten älteren Menschen leben nicht in Seniorenheimen oder Wohnstiften, sondern in ihren vertrauten vier Wänden. Das selbstständige Führen eines Haushalts in der eigenen Wohnung ist deshalb für viele von unschätzbarem Wert, da es als wesentliches Merkmal sozialer Unabhängigkeit empfunden wird.

Es gibt viele Gründe, warum im Alter eine Veränderung der aktuellen Wohnform sinnvoll erscheinen kann. Der Verlust des Partners beispielsweise kann zu zunehmender Vereinsamung führen. Das Wechseln des Wohnumfelds kann hier helfen, neuen Lebensmut zu finden. Die im Alter nachlassende körperliche Leistungsfähigkeit führt häufig dazu, dass ein großer Haushalt und die möglicherweise zusätzlich anfallende Gartenarbeit die Kräfte übersteigen. Nimmt die Rüstigkeit so weit ab, dass das Führen eines kleinen Haushalts nicht mehr möglich ist, sollte der Umzug in eine betreute Wohnform erwogen werden.

Vieles spricht jedoch auch dafür, im Alter sein bisheriges Wohnumfeld beizubehalten. Man ist bereits an die Wohnung und an die Nachbarn gewöhnt und wird durch einen Umzug nicht entwurzelt. Die sozialen Kontakte – besonders bei älteren Menschen wichtige Bestandteile des alltäglichen Lebens – können so erhalten bleiben. Zudem leben viele ältere Menschen in einem lange währenden und daher kostengünstigen Mietverhältnis und würden nicht einmal eine kleinere Wohnung zum selben Preis bekommen. Hilfe im Haushalt oder bei Krankheit lässt sich gut über die vielfach vorhandenen so genannten Nachbarschaftshilfen organisieren – das sind Vereine im sozialen Dienstleistungsbereich, die vor allem Zivildienstleistende in die Wohnungen der Senioren schicken.

Wer sich also im Alter nicht für einen Umzug in eine altengerechte Wohnung oder in eine betreute Einrichtung entschließen mag, dem bieten sich durchaus Möglichkeiten, die eigenen vier Wände durch räumliche oder bauliche Veränderungen den sich wandelnden Bedürfnissen anzupassen.

Allein in einer Wohnung zu leben ist nicht zwangsläufig mit sozialer Isolation gleichzusetzen. Diese Gefahr besteht nur dann, wenn man sich nicht – besonders nach dem Tod von Freunden oder dem Partner – um neue Kontakte bemüht. Wer ein Haus oder eine große Wohnung allein bewohnt und mehr Räume zur Verfügung hat, als er benötigt, könnte zum Beispiel einen Untermieter aufnehmen. Dafür bedarf es meist nur geringfügiger räumlicher Veränderungen. Auch könnte man beispielsweise einem Studenten gegen Mithilfe im Haushalt anstelle von Miete ein Zimmer überlassen. Gerade wenn man ab und zu Hilfe im Alltag gut gebrauchen kann und nicht mehr so gern allein leben möchte, wäre dies eine sinnvolle Lösung. Eine gewisse Aufgeschlossenheit anderen gegenüber ist allerdings Voraussetzung. Zur Berechnung der »Miete« hat sich eine Faustregel bewährt, nach der etwa ein Quadratmeter Wohnraum mit einer Stunde Haushaltshilfe im Monat vergütet wird, zuzüglich der Nebenkosten. Wenn die Wohnpartner ihre gegenseitigen Erwartungen aneinander klar formulieren und im Wesentlichen zusammenpassen, dann können beide von dieser Wohnform profitieren. Bei Interesse an einer Vermittlung wären Studentenwerke eine erste Anlaufstelle. Bei zunehmender Pflegebedürftigkeit könnte dieses Zimmer dann einem Betreuer oder Pfleger zur Verfügung gestellt werden.

Wohnqualität hängt auch mit Selbstständigkeit zusammen. Viele Wohnungen sind voller Barrieren, die in jungen Jahren nicht stören, im Alter jedoch zu unüberwindlichen Hindernissen werden können. Einschränkungen der eigenen Mobilität können deshalb häufig durch eine Verbesserung der Wohnsituation kompensiert werden. Viele alltägliche Gefahrenquellen kann man im Handumdrehen selbst entschärfen. Lose Teppichkanten, herumliegende Kabel oder wackelige Tische sind typische Stolperfallen. Gute Beleuchtung und ausreichend Bewegungsfläche mindern die Unfallgefahr. Um den selbstständigen Haushalt aufrecht erhalten zu können, müssen jedoch häufig bestimmte Bereiche der Wohnung an die veränderten Bedürfnisse angepasst werden. Derartige Wohnungsanpassungen können individuell sehr unterschiedlich ausfallen, sind jedoch stets mit kleineren oder mittleren baulichen Veränderungen verbunden, die idealerweise in Voraussicht auf das Alter bereits lange zuvor ab etwa 55 Jahren verwirklicht werden sollten.

Es geht dabei im Wesentlichen darum, unnötige Hindernisse zu vermeiden oder zu entfernen und für ausreichende Bewegungsflächen zu sorgen. Kleinere Maßnahmen sind zum Beispiel Alltagserleichterungen wie niedrigere Fenstergriffe, Schubladen statt Regalbretter oder das Anbringen von Haltegriffen und Handläufen. Die Verbreiterung von Türen, der Einbau einer schwellenfreien Dusche oder der Ausgleich einer hohen Bodenschwelle beim Übergang zum Balkon ist schon etwas aufwändiger. Stärkere bauliche Eingriffe entstehen, wenn zum Beispiel ein Bad neu eingebaut oder wie zum Beispiel beim Verkleinern einer Wohnung Wände versetzt oder eingezogen werden müssen.

Besonders häufig sind Maßnahmen erforderlich, die den Abbau von Schwellen und Stufen zum Ziel haben. Oft können kleine Rampen Abhilfe schaffen. Treppen können wesentlich mehr Sicherheit bieten, wenn sie Podeste haben und nicht ausschließlich gewendelt sind. Auch beidseitige Handläufe oder solche, die dem Treppenlauf genau folgen, werden im Alter sehr wichtig. Innen liegende Handläufe bieten bei gewendelten Treppen allerdings keine Sicherheit, da die Trittstufe an dieser Stelle zu schmal ist. Der Einbau eines Treppenlifts ist sinnvoll, wenn die Stufen schließlich gar nicht mehr bewältigt werden können.

Eine gute Richtschnur für derartige bauliche Veränderungen sind die Kriterien zur Barrierefreiheit nach DIN 18025 Teil 1 und Teil 2, die im Anhang auszugsweise erläutert werden.

Manche Maßnahmen lassen sich mit relativ geringem finanziellem Aufwand durchführen. Bei höheren Kosten gibt es verschiedene Möglichkeiten für finanzielle Zuschüsse. Häufig übernehmen Krankenkassen (bei Hilfsmitteln), Pflegekassen (bei baulichen Veränderungen) oder manchmal auch Hauseigentümer die Kosten. Auch das Sozialamt, Wohnungsbauförderstellen oder staatliche wie kommunale Finanzierungsprogramme – in besonderen Fällen auch Arbeitsämter, Versorgungsämter oder der Rentenversicherungsträger – kommen für Kostenzuschüsse oder -übernahme in Betracht. Ausführliche Beratung zur Wohnungsanpassung und deren Finanzierung bieten die Wohnberatungsstellen der einzelnen Bundesländer. Häufig helfen auch die jeweiligen Architektenkammern weiter. Ausführliche Informationen erhält man beim Kuratorium Deutsche Altershilfe, die auch eine Broschüre zu diesem Thema herausgegeben hat. Die Adresse wird im Anhang genannt.

Häufig kann man durch verschiedene bauliche Eingriffe an der Wohnung oder am Haus einen Umzug vermeiden. Manchmal ist es allerdings nicht möglich, Barrieren abzubauen, zum Beispiel wenn man in einem oberen Stockwerk wohnt und kein Lift vorhanden ist und ein nachträglicher Einbau einen unverhältnismäßig hohen Aufwand bedeuten würde. Dann sollte man einem Wohnungswechsel gelassen entgegensehen, denn es gibt heute viele attraktive Wohnalternativen, die das Leben im Alter erleichtern. Einige Anregungen hierzu finden sich zum Beispiel in diesem Buch.

Vorteile

– Vertrautes Umfeld bleibt erhalten
– Kontakte bleiben erhalten
– Unabhängigkeit bleibt erhalten

Mögliche Nachteile

– Kosten für den Umbau entstehen
– Häufig nur Kompromisslösungen möglich
– Mehr oder weniger aufwändige Baustelle in der Wohnung

Internet-Tipp
www.kda.de
(Kuratorium Deutsche Altershilfe)

Neubau eines Mehrfamilienhauses in Bonn

Lage und Ausgangssituation

Dieses Mehrfamilienhaus, das sich gerade im Bau befindet, entsprang dem Wunsch der 76-jährigen Bauherrin nach einem attraktiven Altersruhesitz in ihrer Heimatstadt Bonn. Das Baugrundstück liegt an einem nach Osten hin abfallenden Hang nahe des Stadtzentrums in einem ruhigen Wohngebiet.

Mit dem Entwurf, dessen flexible Grundrissgestaltung späteren Bewohnern ebenfalls zu Gute kommen wird, wurde das Architekturbüro »3 L« aus Menden beauftragt, das auf die wirtschaftliche Planung von anspruchsvollen Wohnbauten spezialisiert ist.

Architektonisches Konzept

Die Bauherrin suchte nach einer Möglichkeit, eigenständig bis ins hohe Alter in der Nähe ihrer Familie leben zu können, wollte jedoch nicht allein ein großes Haus bewohnen. Daher entschloss sie sich zum Bau eines Wohnhauses mit zwei 4-Zimmer-Wohnungen über je zwei Ebenen. Die obere Wohnung möchte sie selbst beziehen, die untere Wohnung soll zum Beispiel an Familienmitglieder vermietet werden. Gleichzeitig sollte das Haus so konzipiert sein, dass mit unverändertem Erschließungskonzept durch Teilung der oberen Wohnung zwei abgeschlossene Wohneinheiten entstehen können. Wichtigstes Kriterium beim Bau des Hauses war der Auftraggeberin die Barrierefreiheit in sämtlichen Bereichen.

Das Haus gliedert sich in vier Ebenen. Garten- und Erdgeschoss sind über eine Treppe miteinander verbunden und bilden eine eigenständige Wohneinheit. Da es sich um ein Hanggrundstück handelt, konnten im Gartengeschoss die Nebenräume in den Hang integriert werden. Ober- und Dachgeschoss können über eine Treppe und über einen Lift erreicht werden, sie bilden die zweite Wohneinheit.

Das Haus wird in einer Kombination aus Massivbau und Stahlbau errichtet. Die Fassade zur Straße ist als Lochfassade mit vorgehängten Stahlbalkonen ausgebildet, auf dieser Seite befinden sich überwiegend Nebenräume.

Auf der Gartenseite liegen die Aufenthaltsräume, hier ist die als Stahlrahmenkonstruktion geplante Fassade großzügig verglast, was einen schönen Blick auf das Siebengebirge ermöglicht. Große Balkone bieten reichlich Platz und dienen zugleich als Sonnenschutz für die darunter liegenden Räume. Alle Balkone werden schwellenfrei ausgeführt, sodass sie auch mit dem Rollstuhl befahren werden können.

Wohnkonzept:

Die Bauherrin wünschte sich für ihre Wohnung im Ober- und Dachgeschoss eine große Dachterrasse, um das grüne Umfeld ohne anstrengende Gartenarbeit genießen zu können. Die Wohnung könnte durch das Einfügen leichter Trennwände später problemlos in ein abgeschlossenes 1-Zimmer-Apartment und in eine 3-Zimmer-Wohnung umgewandelt werden. Diese Option wollte sich die Bauherrin offen halten, falls sie später einmal nicht mehr so beweglich sein sollte und ihr ein kleines Apartment ausreichen würde. In die so entstandene 3-Zimmer-Wohnung könnte dann zum Beispiel eine Pflegekraft

einziehen, die für Betreuung und Hilfe vor Ort herangezogen werden könnte.

Besonderes Augenmerk legten die Architekten auf die Wahl der Einbauküche. Um die Arbeitsabläufe hier so reibungslos wie möglich zu gestalten, wurden sämtliche Schränke und Einbauten auf Arbeitsplattenhöhe gehalten, auf Oberschränke wurde gänzlich verzichtet. Der Backofen ist so gestaltet, dass ein Rollstuhlfahrer im Sitzen die Ofenklappe bequem bedienen kann. Sämtliche Küchenschränke haben Auszüge anstatt Türen. Die Küche ist keine Sonderanfertigung, sondern besteht aus handelsüblichen Elementen und ist auf Rollstuhlfahrer zugeschnitten.

Besonderheit
Die Bauherrin ist zwar rüstig und sehr vital. Dennoch legte sie bei der Planung der Wohnungen großen Wert auf Barrierefreiheit und Flexibilität der Grundrisse. Der entstandene Entwurf wird ihr ein unbeschwertes Wohnen im Alter ermöglichen, gleichzeitig jedoch auch jüngeren Bewohnern das Leben erleichtern. Die Architekten entwickelten ein ideales Konzept, das auch für zukünftige Bewohner viele Gestaltungsmöglichkeiten bietet.

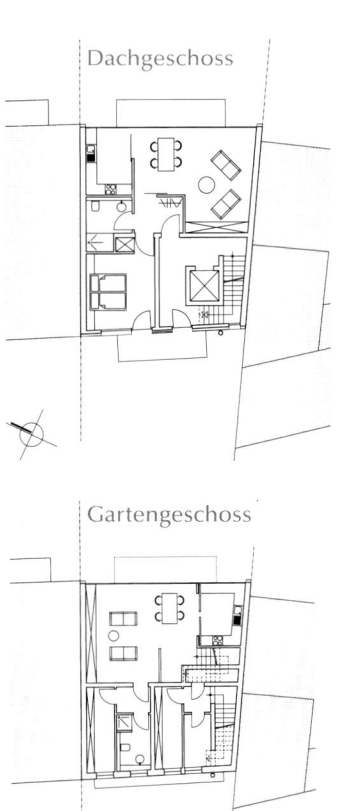

Dachgeschoss

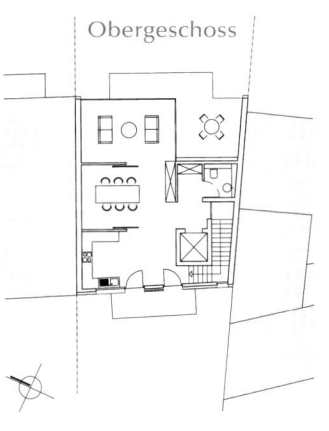

Obergeschoss

Gartengeschoss

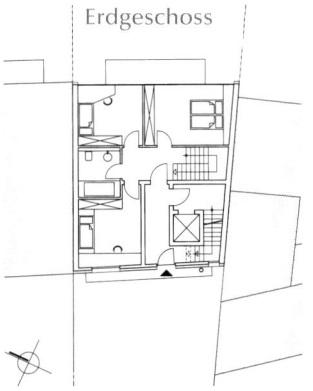

Erdgeschoss

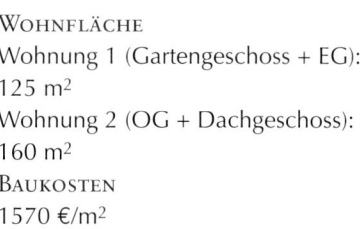

WOHNFLÄCHE
Wohnung 1 (Gartengeschoss + EG):
125 m²
Wohnung 2 (OG + Dachgeschoss):
160 m²
BAUKOSTEN
1570 €/m²

Räumliche Darstel-
lung der Grundrisse
der oberen Wohnung.

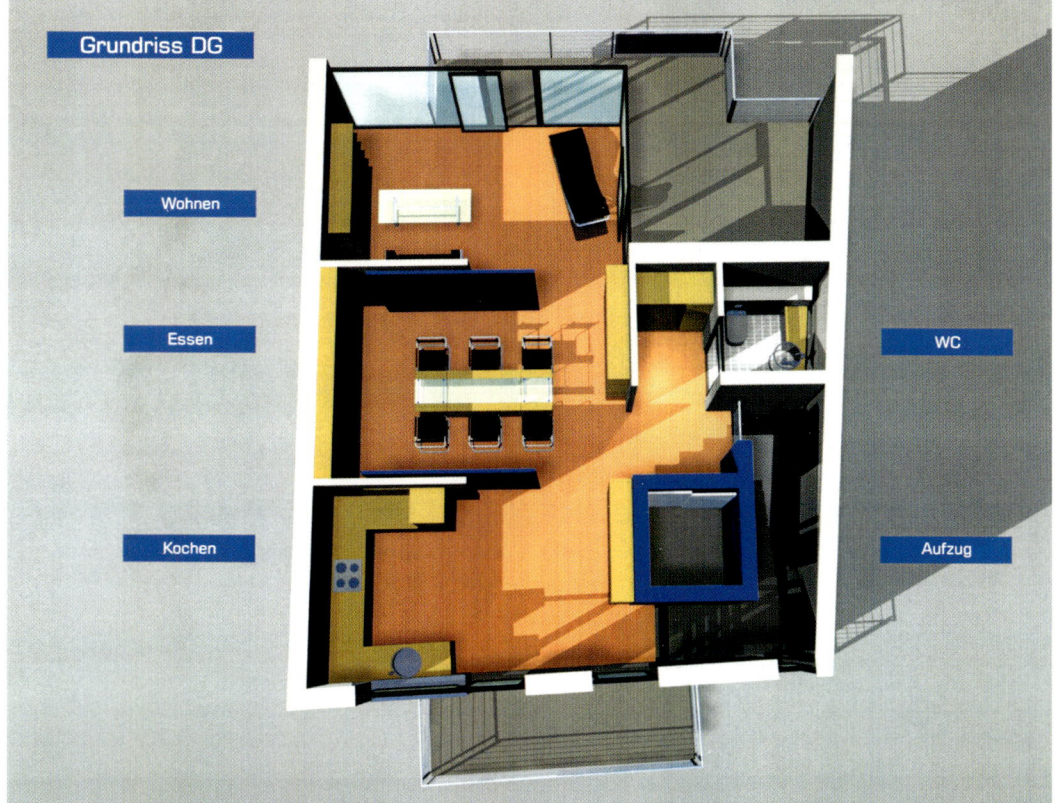

Grundriss DG

Wohnen

Essen

Kochen

WC

Aufzug

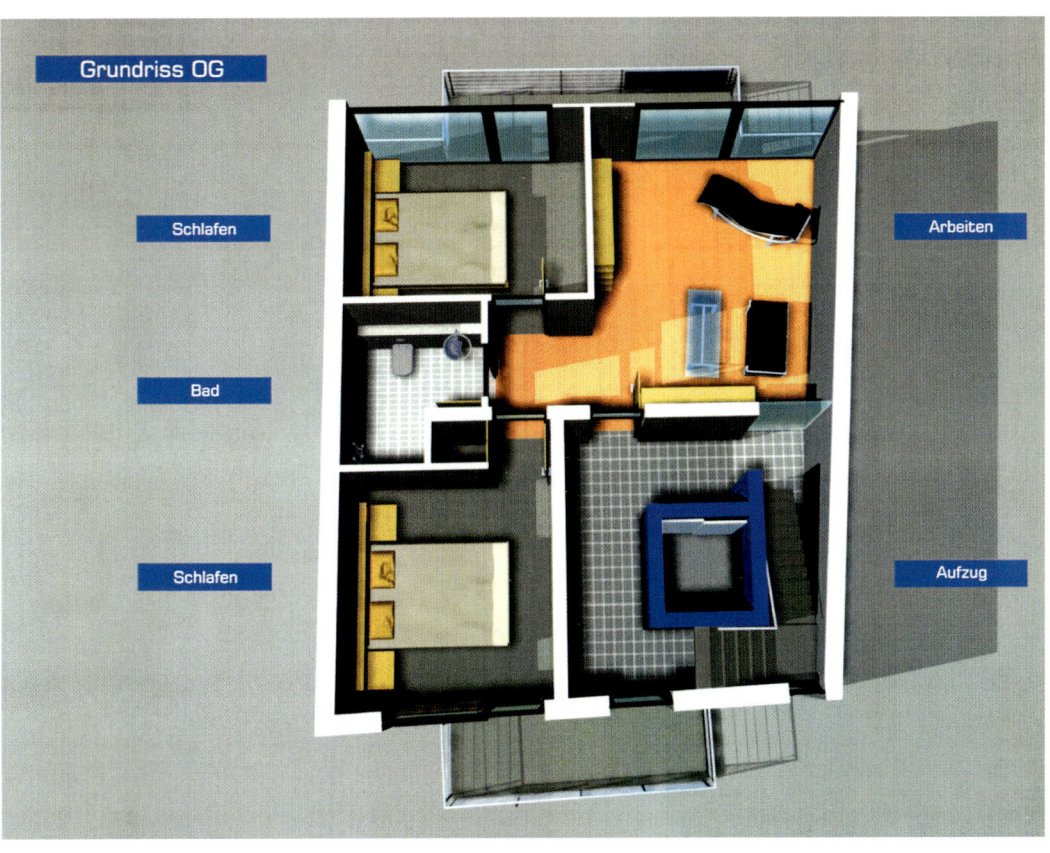

Grundriss OG

Schlafen

Bad

Schlafen

Arbeiten

Aufzug

Austragshaus in München

Lage und Ausgangssituation

Die Familie des Bauherrn lebt in München-Harlaching, einer ruhigen, mit Einfamilienhäusern bebauten Wohngegend, in einem Haus aus den 20er Jahren. Da das Haus auch für die Familien der beiden erwachsenen Söhne Platz bieten sollte, wurde das Münchner Architekturbüro »Der Hausladen« damit beauftragt, Vorschläge für einen Umbau oder eine Erweiterung auszuarbeiten. Die Architekten überzeugten den Bauherrn im Hinblick auf den großen Garten von einem Anbau, der an ein kleines Austragshaus erinnert – ein im ländlichen Bayern üblicher Begriff für ein separates Wohnhaus, in das sich der alte Bauer mit seiner Frau nach der Hofübergabe zurückzieht.

Architektonisches Konzept

Da die innere Struktur und die Fassade des alten Hauses nicht verändert werden sollten, wurde das etwa 100 Quadratmeter große Austragshaus an dessen Ostseite angegliedert. Im Erdgeschoss wurde es bewusst vom Altbau abgesetzt, ein überdachter Zwischenbereich dient als Zugang und im Sommer als Veranda. Durch große Glasschiebetüren lässt sich der Wohnbereich komplett zu dieser Veranda hin öffnen. Im Souterrain wurde an den Bestand angebaut, um eine direkte Verbindung zum Altbau zu ermöglichen.

Die Konstruktion des Austragshauses ist denkbar einfach: Bodenplatte und Außenwände des Souterrains wurden bis Unterkante Decke massiv in Beton erstellt und der Wohnquader aus Holz darauf gesetzt. Industriegefertigte Dickholzplatten aus unbe-

handeltem Fichtenholz dienen als Wände, Decke und Fußboden. Die Fassade wurde über der Wärmedämmung mit unbehandelten, hinterlüfteten Lärchenholzplatten verkleidet. Küchenblock und Sanitärräume bilden den Gebäudekern, in dem die gesamte Installation untergebracht ist und um den sich die einzelnen Raumbereiche gruppieren. Im Innenraum sind alle Wände sowie die Böden naturbelassen, auf zusätzliche Fußbodenbeläge und Wandverkleidungen wurde verzichtet.

Das Erdgeschoss besteht aus einem einzigen Raum, der sich in zwei Bereiche – Essplatz und Wohnraum – gliedert. Dazwischen liegt die nach beiden Seiten hin offene Küchenzeile. Im Souterrain befindet sich das Arbeitszimmer und der Schlafraum. Beide Ebenen werden durch eine einläufige Treppe hinter dem Sanitärkern miteinander verbunden. Durch die offene Grundrissgestaltung gehen die Raumbereiche fließend ineinander über und erscheinen trotz des kleinen Baukörpers (11 Meter auf 4,20 bzw. 5,90 Meter) großzügig. Nur Schlafzimmer, Bad und WC sind abgeteilt. Die Wände des Sanitärbereichs bestehen aus dunkel beschichteten strapazierfähigen und wasserdichten Schalplatten, wie sie normalerweise beim Betonieren benutzt werden. Nur die Trennwand zwischen Bad und Flur im Souterrain besteht aus einer Kunststoff-Doppelstegplatte. Diese ist lichtdurchlässig und taucht, bei eingeschalteter Badbeleuchtung, abends den kleinen Flur in ein diffuses, blendfreies Licht.

Zur Veranda hin ist der Anbau großflächig

Blick vom Garten auf den Anbau. Zwischen Alt- und Neubau verläuft eine überdachte Veranda.

verglast, um den Bezug zum Altbau hervor-
zuheben. Die Glasflächen wurden an beiden
Gebäudeseiten über Eck geführt, was den
Ausblick in die beiden Gartenhälften ermöglicht und – unterstützt durch ein Dachoberlicht im Wohnbereich – für lichtdurchflutete
Räume sorgt. Zur Ostseite – der dem Altbau
abgewandten Seite – sorgen unterschiedlich
große Fenster mit dunkelgrau lasierten Holz-
rahmen für abwechslungsreiche Ausblicke
und einen taghellen Küchenbereich.

Wohnkonzept

Die Bauherren haben zwei Söhne und insgesamt vier kleine Enkelkinder. Damit alle
unabhängig voneinander in eigenen Wohnungen leben können, wurde das Haus durch
den Anbau zu drei getrennten Wohneinheiten umgestaltet. Der Altbau wurde für die

jungen Familien in zwei übereinander liegende Wohnungen aufgeteilt, der Anbau dagegen ist das Reich der Großeltern. Garten und
Veranda werden gemeinsam genutzt. Dadurch ist ein Zusammenleben der gesamten
Familie möglich, ohne dass sich die einzelnen Familienmitglieder gegenseitig in die
Quere kommen. Enkel und Großeltern können so viel Zeit miteinander verbringen wie
sie möchten. Ein Babysitter ist dadurch überflüssig und die Großeltern erleben unmittelbar das Heranwachsen ihrer Enkelkinder.
Gleichzeitig werden die jungen Eltern ent-
lastet. Regelmäßig trifft sich die gesamte Familie zu gemeinsamen Mahlzeiten, vorzugs-
weise auf der Veranda bei geöffneten
Glasschiebetüren. Durch die Verbindungstür
im Untergeschoss können die Kinder ungehindert zwischen Elternhaus und Austrags-

Der Wohnquader aus
Holz, im Erdgeschoss
vom alten Wohnhaus
abgesetzt, im Sou-
terrain mit dem
Altbau verbunden,
dient den Großeltern
als Austragshaus.

haus hin und her pendeln, was nicht nur erwünscht ist, sondern auch rege genutzt wird.

Sollte eines Tages die Rüstigkeit der Großeltern abnehmen und sie auf Hilfe angewiesen sein, gäbe es mehrere Möglichkeiten, die einzelnen Wohneinheiten zu tauschen und so die Treppe ins Untergeschoss des Austragshauses zu vermeiden. Die Großeltern könnten mit ins Erdgeschoss des Altbaus einziehen und weiterhin – eine neue Verbindung im Erdgeschoss zwischen Alt- und Neubau im Verandabereich vorausgesetzt – das Erdgeschoss des Neubaus bewohnen. Die heranwachsenden Enkel könnten dann das Souterrain als Hobbykeller nutzen. Oder

die Söhne nutzen später den gesamten Anbau und die Großeltern ziehen vollständig ins Erdgeschoss des Altbaus mit ein.

Besonderheit

Dieser Anbau zeigt, wie mit einfachen Mitteln bei hoher räumlicher Qualität ein Einfamilienhaus erweitert werden kann. Durch unkonventionelle bauliche und räumliche Lösungen, durch die begrenzte Auswahl an Materialien und durch einen maßvollen Ausbaustandard gelang es den Architekten, kostengünstig individuellen Wohnraum zu schaffen, der auf Wunsch der Bauherrn abgesetzt vom Altbau und doch mit ihm verbunden ist.

Blick von der Küche ins Esszimmer. Ein langes Fensterband sorgt für viel Tageslicht in der Küche.

Oben links und rechts: Öffnet man die Glas-
schiebtüren zur Veranda, so ergibt sich ein
großer zusammenhängender Raum, der von
der gesamten Großfamilie oft für gemeinsame
Mahlzeiten genutzt wird.

Oben rechts: Auch das Souterrain ist durch
lange Fensterbänder sehr hell. Industriegefertigte Dickholzplatten aus Fichtenholz
dienen als Wände und Fußböden. Auf
Bodenbeläge und Wandverkleidungen
wurde verzichtet.

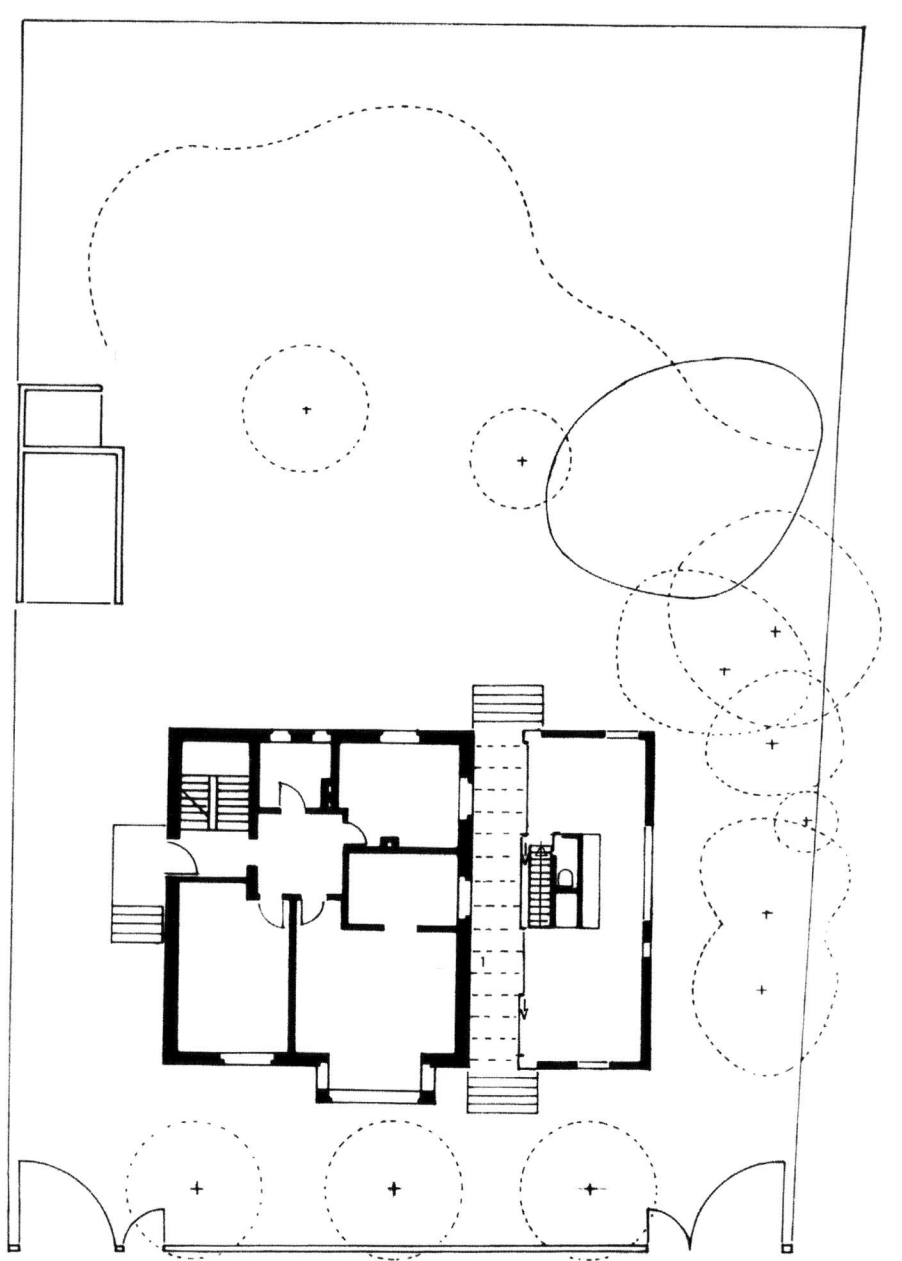

Erdgeschoss

Fertig gestellt
Mai 2002
Grösse insgesamt
100 m²
Baukosten
150 000 Euro

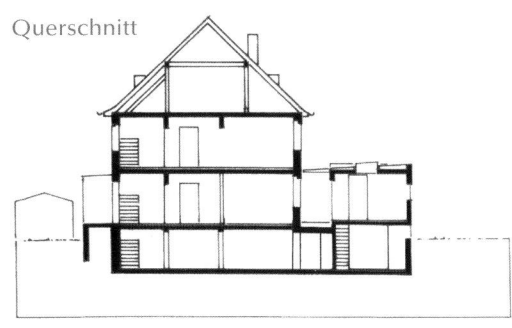

Querschnitt

Oben: Die über Eck geführte Verglasung auf beiden Seiten des Anbaus sorgt für viel Tageslicht im Innenraum und ermöglicht Ausblicke in beide Gartenhälften.

Unten: Im Gebäudekern in der Mitte des Anbaus befindet sich die gesamte Installation. Auf der einen Seite ist die Küchenzeile angegliedert, auf der anderen verläuft die Treppe ins Souterrain.

Ansicht von Osten

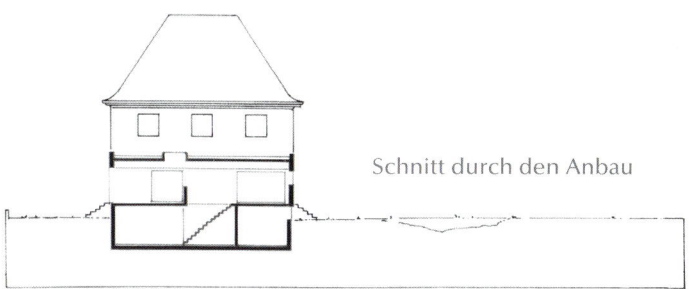

Schnitt durch den Anbau

Ansicht von Süden

Ausbau einer Wohnung im Dachgeschoss

Lage und Ausgangssituation

In der Münchner Innenstadt, tief im Innenhof zwischen hohen Wohnhäusern, steht das drei-geschossige, bis vor 20 Jahren industriell genutzte Haus eines Künstlers. Grundstück und Gebäude sind seit Jahrzehnten im Familienbesitz. Im Erdgeschoss und im ersten Stock des Hauses befinden sich Ateliers, der 160 Quadratmeter große Speicher war bisher ungenutzt und sollte zu einer Dachgeschoss-wohnung ausgebaut werden. Da die Nachbar-häuser im Gegensatz zum Haus des Bauherrn unter Denkmalschutz stehen, fiel der geplan-te Umbau unter den so genannten Ensemble-schutz, was eine Genehmigung durch die Denkmalschutzbehörde erforderte.

Das Schlafzimmer mit verglaster Dachschräge

Architektonisches Konzept

Um den Speicher in einen fast stützenfreien Wohnraum verwandeln zu können, entfern-ten die Architektin Susanne Faltenbacher und der Designer Daniel Kronwinkler die tragen-de Holz-Zangenkonstruktion des Dachstuhls und ersetzten sie durch ein Rahmentragwerk aus Stahl und Holz. Nur die Sparren an der Nordostseite blieben bestehen und wurden saniert. Für die Öffnung der Dachschräge wurden über die gesamte Länge große, farb-neutrale Sonnenschutzglas-Paneele verwen-det.

Die neue Fassade – eine Pfosten-Riegel-Konstruktion aus Holz – wurde in das modi-fizierte statische System mit eingebunden. Die Fassadenpfosten sind mittels Stahl-schwertern über horizontale, unter dem Fußboden verlaufende Zugbänder aus Stahl mit den tragenden Stützen im Raum verbun-den. Dadurch konnte nicht nur eine lichte Raumhöhe von 4 Metern erzielt, sondern auch das Dach über eine Spannweite von 6,70 Metern stützenfrei ausgebildet werden. Dies ermöglichte eine flexible Raumauf-teilung, sodass die Wohnung an die Bedürf-nisse des Bewohners bis ins hohe Alter ange-passt werden kann. Die Innenwände sind in Trockenbauweise ausgeführt und haben kei-ne Tragfunktion. Sie können jederzeit an andere Stellen, entsprechend dem Raster der Dachkonstruktion von 2,35 Metern, versetzt werden.

Die 2,25 Meter breiten und 1,10 Meter hohen Fensterflügel werden elektrisch nach außen geöffnet, an der Innenseite dienen weiße Stoffbahnen als Sonnenschutz. Ein

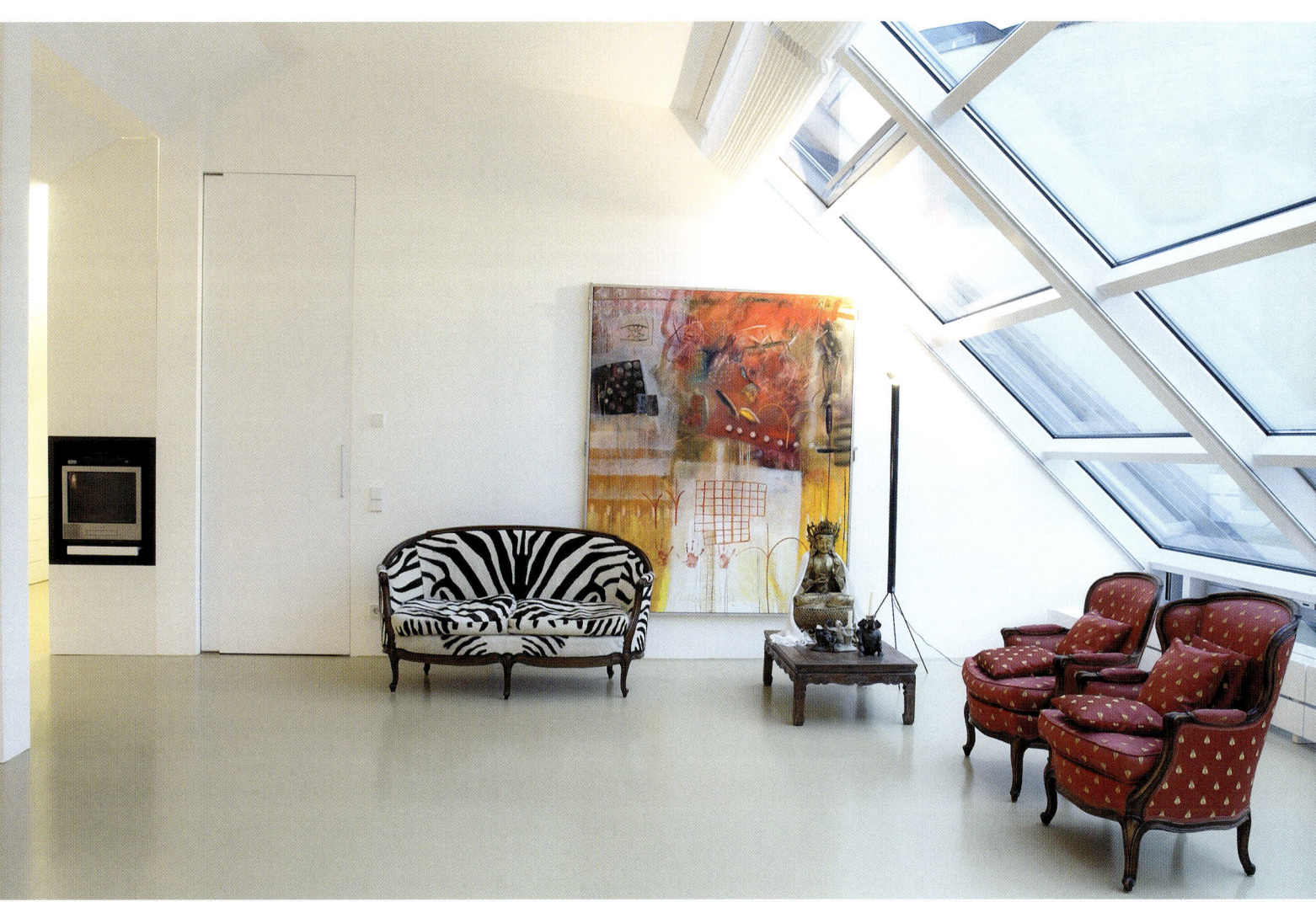

außen liegender Sonnenschutz kann jederzeit nachträglich eingebaut werden, da die hierfür nötigen Befestigungen bereits in der Holzfassade integriert sind.

Innenraumgestaltung

Der Bauherr wünschte sich einige wenige, jedoch großzügig dimensionierte Räume, deren Nutzungsbereiche offen ineinander übergehen sollten. Diese Vorgabe bestimmte die Gestaltung des gesamten Innenraums. Vom Eingangsbereich aus führt ein langer, zum Wohnraum hin offener Flur bis zum Bad. Zusammen mit der 6,50 Meter langen orangefarben bezogenen Couch entstand dadurch ein Vorbereich zum Wohnraum, der auch als Ankleide und Bibliothek genutzt werden kann. Über der Couch befindet sich

ein Dachfenster, das zum Innenhof orientiert ist und als Notausstieg dient. An dieser Stelle könnte später die Erschließung vom Hof über einen Außenlift erfolgen. Das Schlafzimmer ist durch eine leichte Trennwand vom übrigen Wohnraum abgeteilt. Neben dem Eingang gibt es noch einen kleinen Hauswirtschaftsraum, dessen Größe so geplant wurde, dass ein Wäscheständer oder ein Bügelbrett aufgestellt werden können.

Anstatt Wände unterteilen raumhohe Einbauschränke die einzelnen Wohnbereiche. Die schwarz lackierten Schrankelemente, die zum Wohnraum hin offene Küchenzeile sowie die Badezimmermöbel bestehen aus massivem Eschenholz. Die weißen Schränke sind beschichtet. Eingebaute Kleiderlifte ermöglichen es, mühelos an die weiter oben

Der Wohnraum bietet viele Nutzungsmöglichkeiten und lässt sich bei Bedarf problemlos durch Trennwände unterteilen. Die Tür zum Schlafzimmer sitzt durch speziell entworfene Scharniere bündig in der Wandebene.

Die 6,50 Meter lange Couch definiert den Vorbereich zum Wohnraum. Rechts in der Wand das Technikmodul, aus dem sich der Fernseher herausziehen und dann in beinahe alle Richtungen drehen lässt.

aufgehängten Kleidungsstücke heranzukommen. Ein Technikmodul an der Wandecke zum Schlafzimmer enthält den Fernseher, den Plattenspieler und den CD-Player. Die Ablagefläche für den Fernseher lässt sich über Teleskoparme herausziehen und drehen, sodass der Bildschirm von verschiedenen Seiten aus eingesehen werden kann. Manche Schubladen sind der Größe von CDs angepasst, andere durch ihre Tiefe von 1 Meter an die Bilder des Künstlers, sodass er diese bei Bedarf auch in der Wohnung aufbewahren kann.

Für die 3 Meter hohen und 1 Meter breiten Schwingtüren haben die Architekten spezielle Scharniere entwickelt: Edelstahlgelenke in Verbindung mit in Tür und Boden eingelassenen Platten ersetzen herkömmliche Türangeln und ermöglichen einen mit der Wand bündigen Türanschlag. Diese elegante Lösung führt auf beiden Raumseiten zu

einem einheitlichen Erscheinungsbild von Wand und Tür ohne die sonst übliche optische Unterbrechung durch Türrahmen.

Hinter den Stützen und den Wandabschlussblenden der Einbauschränke sorgen Leuchtstoffröhren für eine angenehme und blendfreie Beleuchtung im Flur. Die Leuchten sind mit lichtechten, hitzefesten Folien überzogen. Die Lichtfarben lassen sich über eine Schalter beliebig variieren, sodass Besucher mit abwechselnden Farbkreationen empfangen werden können.

Das große und exklusiv eingerichtete Bad bietet viel Bewegungsfläche – ein Aspekt, der besonders im Alter wichtig wird. Die nur 35 Zentimeter hohe Badewanne wurde in eine durchgehende Ablagefläche aus Kalksandstein integriert, die auch als Sitzfläche genutzt werden kann. Auch der Fußboden besteht aus Kalksandstein, zu dem die schwarz gebeizten Eschenholzmöbel einen attrakti-

ven Kontrast bilden. Schwarzer Glasmosaik-stein in der Dusche sowie ein handgefertig-ter Spiegel über dem Designer-Waschbecken von Philipp Stark vervollständigen den ele-ganten Stil des Badezimmers.

Mit Ausnahme des Bades wurde für die gesamte Wohnung derselbe Bodenbelag gewählt. Der etwa 2 Millimeter dicke versie-gelte Gussasphalt ist hoch abriebfest, sehr strapazierfähig und zugleich pflegeleicht. Er eignet sich bestens für die vorgesehene Nutzung des Wohnraums als Atelier und könnte später sogar der Beanspruchung durch einen Rollstuhl standhalten. Da er ohne Schwellen durch die Wohnung führt, unterstreicht er die offene Bauweise und erleichtert eine nachträgliche Unterteilung in kleinere Raumeinheiten, durch seinen sand-farbenen Ton verleiht er der hellen, licht-durchfluteten Wohnung eine warme Aus-strahlung.

Zur Wohnung gehört noch eine 40 Quad-ratmeter große Dachterrasse. Sie wird über das Treppenhaus erschlossen, ist zum Innen-hof orientiert und bietet einen weiten Blick über die Dächer Münchens.

Besonderheit

Die vorgestellte Wohnung lässt sich mühelos wechselnden Bedürfnissen anpassen. Sie kann als Atelier genauso genutzt werden wie als Wohnraum, böte auch zusätzlichen Mit-bewohnern Platz und ist bereits im Hinblick auf im Alter sich ändernde Anforderungen konzipiert.

Zum eleganten Design, das dem Lebens-stil des Künstlers entspricht, passen auch die großen schrägen Dachfenster, die nachts bei etwas Glück einen fantastischen Blick auf den Sternenhimmel über München bieten.

Die gesamte Dach-schräge wurde ge-öffnet. Paneele aus Sonnenschutzglas verhindern, dass sich der Raum im Som-mer zu sehr aufheizt.

Blick vom Bad zum Eingangsbereich. Die Einbaumöbel wurden von den Architekten entworfen.

Grundriss

GRÖSSE DER WOHNUNG
Nutzfläche 160 m² +
40 m² Dachterrasse
Raumhöhe 3–4 Meter
UMBAUKOSTEN
345 000 € (inklusive Rohbauarbeiten, Elektroarbeiten, Sanitäreinrichtung, Heizung und Inneneinrichtung)

Schnitt

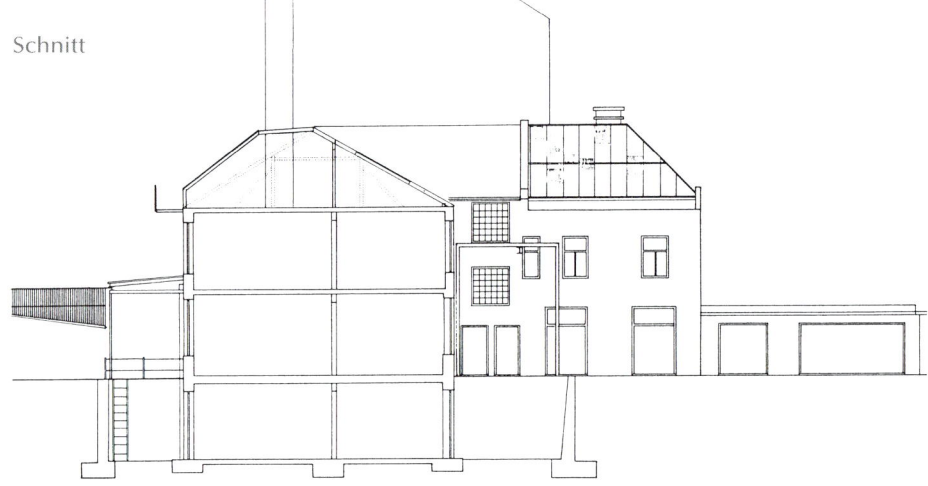

Die beleuchtete Dachfläche bietet nachts einen stimmungsvollen Anblick.

Die Badewanne ist nur 35 Zentimeter hoch und in eine durchgehende Ablagefläche aus Kalksandstein integriert.

Ein exklusives Badezimmer mit viel Bewegungsfläche: Der Fußboden besteht aus Kalksandstein, das Designer-Waschbecken stammt von Philippe Starck und der Spiegel darüber ist handgefertigt.

Die Küchenzeile – ein Entwurf der Architekten – ist in den Wohnraum integriert und besteht aus schwarz gebeiztem massivem Eschenholz.

Ausbau einer Wohnung im Dachgeschoss   107

Wohngemeinschaften

Wohngemeinschaften – eine in der jüngsten Zeit gerade bei Senioren immer beliebtere Wohnform – gab es vereinzelt schon zu Beginn des 20. Jahrhunderts, sie fanden jedoch besonders in den 1960er und 1970er Jahren starken Zulauf. Allerdings hatten sie damals häufig den Ruf, ihre Bewohner seien überwiegend alternativ orientierte Studenten, die nicht besonders auf Sauberkeit achteten. Solche auch heute noch anzutreffenden Vorurteile verstellen jedoch den Blick auf eine Wohnform, die zwar viel Eigenengagement erfordert, jedoch bei sorgfältiger Organisation den Bewohnern jede Menge Vorteile und ganz besonders im Alter viel Lebensfreude bescheren kann.

Die Entscheidung, eine Wohngemeinschaft zu gründen, entspringt häufig dem Wunsch, nicht alleine leben zu müssen, gleichzeitig jedoch selbstständig bleiben und etwas Neues ausprobieren zu können – ein gerade bei »jungen« Alten häufig vorhandenes Bedürfnis. Gefördert wird dies durch die steigende Lebenserwartung, die den Menschen mehr Zeit gibt, sich aufs Alter vorzubereiten und aktiv individuelle Wohnprojekte zu planen. Senioren-Wohngemeinschaften sind zum Beispiel in Schweden oder in den Niederlanden längst eine gängige Wohnform, und auch in Deutschland, Österreich und der Schweiz werden sie immer populärer.

Typisch für Wohngemeinschaften ist, dass die Bewohner Bad, Küche und Wohnraum miteinander teilen, ihnen jedoch auch ein eigenes Zimmer zur Verfügung steht. WGs werden nicht von anderen für andere geplant, sondern meist von interessierten Menschen selbst initiiert. Die späteren Bewohner selbst sind die Organisatoren ihres eigenen Wohnprojekts, bilden meist bereits vor dem Einzug eine Gemeinschaft und gestalten das gemeinsame Zusammenleben.

Die WG als Wohnform kann für diejenigen älteren Menschen attraktiv sein, die nicht alleine leben wollen und Mitbewohner zum Reden, Lachen und auch Streiten suchen. Geboten werden Freiheit und Selbstverwirklichung, zugleich Geborgenheit und Hilfe bei Bedarf, also Sicherheit. Unabdingbare Voraussetzungen sind Toleranz und Rücksichtnahme. Etwas Neues zusammen mit anderen Menschen zu beginnen, stellt gerade im fortgeschrittenen Alter eine große Herausforderung dar, kann jedoch eine unschätzbare Bereicherung sein.

Wohngemeinschaften sind ähnlich wie eine Familie strukturiert, alle Mitglieder sind jedoch gleichberechtigt. Wie in einer Familie sind soziale Intelligenz, Kommunikations- und Teamfähigkeit gefragt. Vorteilhaft kann es sein, wenn die Bewohner altersgemischt sind und die Wohngruppe in das unmittelbare Wohn- oder Stadtviertel integriert ist. Die Bewohner müssen nicht unbedingt ähnliche Berufe oder ähnliche Lebenshintergründe haben. Das kann schnell einseitig werden. Viel wichtiger ist es, dass sie sich sympathisch sind und die Bereitschaft haben, Zeit und Energie in ihr Gemeinschaftsleben zu investieren.

Ein ökonomischer Vorteil von Wohngemeinschaften besteht darin, dass große Wohnungen oder auch Häuser häufig pro Quadratmeter billiger sind als Single-Wohnungen und auch oft eine höhere Wohnqualität bieten. Auch die Nebenkosten können pro Kopf deutlich niedriger liegen als bei einer kleineren Wohnung.

Es gibt verschiedene Möglichkeiten, Wohngemeinschaften zu realisieren. Die Bewohner können das Wohnprojekt beispielsweise in eigener Regie planen und sich ein passendes Objekt mieten, kaufen oder sogar selbst bauen. Die Organisation des Gemeinschaftslebens wird dann eigenverantwortlich durchgeführt. Das Wohnprojekt kann aber auch von einem Träger, zum Beispiel von Kommunalverwaltungen, initiiert und die Planung dann von einem professionellen Bauträger übernommen werden, wobei die zukünftigen Bewohner mit einbezogen werden können.

Zur Planung einer Wohngemeinschaft gehört auch die Planung der Rechtsform und der Finanzierung. Dazu müssen erst einmal konkrete Vorstellungen über das

Wohnprojekt bestehen, zum Beispiel über die Lage, die Anzahl der Bewohner, den Wohnstandard und die zu erwartenden Kosten. Dann sollte über Aspekte wie die Art der Entscheidungsstrukturen, die Haftung des Einzelnen, die Verwertung von Eigenkapital – um nur einige zu nennen – gesprochen werden. Eine verbreitete Methode, um günstig gemeinschaftlichen Wohnraum erwerben zu können, ist die Gründung einer Genossenschaft. Für eine genaue und auf das jeweilige Wohnprojekt zugeschnittene Planung ist in jedem Fall eine Rechtsberatung sinnvoll.

Eine Wohnung für eine Wohngemeinschaft zu finden ist wesentlich schwieriger, als beispielsweise für eine Familie. Das liegt zum einen an den Vermietern, die dieser Wohnform häufig skeptisch gegenüber stehen, zum anderen an den Grundrissen, die für Wohngemeinschaften besondere Eigenschaften haben sollten. Ein geräumiger Eingangsbereich und ein genügend großer und gemütlicher Gemeinschaftsraum, wie zum Beispiel eine Wohnküche, sollten vorhanden sein. Jeder Bewohner braucht ein eigenes Zimmer, das mindestens etwa 12 Quadratmeter groß sein sollte. Durchgangszimmer sind nicht zu empfehlen. Bad und WC sollten voneinander getrennte Räume sein, darüber hinaus wären – je nach Größe der WG – mehrere Bäder sinnvoll. Herkömmliche Wohnungsgrundrisse mit großem Wohnzimmer, großem »Elternschlafzimmer« und kleinen »Kinderzimmern« eignen sich für Wohngemeinschaften weniger.

Wer eine Wohngemeinschaft gründen oder in eine bestehende einziehen möchte, der sollte sich darüber klar sein, dass unter Umständen ungewohnte soziale Anforderungen auf ihn zukommen und er sollte sich fragen, ob er diesen auch gewachsen ist. Für den neuen Lebensabschnitt lässt man viel Vertrautes hinter sich, angefangen bei lieb gewonnenen Möbelstücken, über die gewohnte Umgebung bis hin zu den langjährigen Nachbarn. Darüber hinaus muss man auch bereit sein, über viele Jahre entwickelte Lebensgewohnheiten aufzugeben. Die Privatsphäre ist in einer Wohngemeinschaft nie dieselbe wie in einer eigenen Wohnung. Ein hohes Maß an Gemeinschaftssinn ist daher unerlässlich. Dazu gehört nicht nur, eigene Interessen hintan zu stellen, sondern auch Zeit für die Gemeinschaft zu investieren und sich durch das Übernehmen von Aufgaben ins Gemeinschaftsleben einzubringen. Das Lösen von Konflikten, die in einer Wohngemeinschaft nie ganz zu vermeiden sind, erfordert ein hohes Maß an sozialer Kompetenz. Unabdingbar ist die Bereitschaft zur Aussprache und zu gegenseitiger Toleranz. Wichtig sind auch klare Absprachen, zum Beispiel über die Benutzung der Gemeinschaftsräume, die Zubereitung der Mahlzeiten oder auch den Besuch von eigenen Freunden. Darüber hinaus sollten die Bedürfnisse der einzelnen Bewohner nach Nähe oder Distanz zusammen passen. Findet man hier keine Übereinkunft, werden einzelne Mitglieder schnell wieder abspringen oder die WG als Ganzes wird zerbrechen – es ist keine leichte Sache, Menschen für eine Wohngemeinschaft zu finden und sie für eine längere Zeit zusammen zu bringen.

Für das Leben in einer Wohngemeinschaft sind also Gemeinschaftssinn, Toleranz, Idealismus und Eigeninitiative wichtige Voraussetzungen. Kommt noch Organisationstalent hinzu, sollte dem gemeinschaftlichen Wohnvergnügen nichts mehr im Wege stehen. Dann kann man die vielen Vorteile einer Wohngemeinschaft genießen: individuelles Wohnen, Kontakte zu sympathischen Menschen, gesellschaftliche Anregungen, Hilfe und Unterstützung. Diese Wohnform fördert die Selbstständigkeit und hält geistig fit – umso mehr, wenn die Bewohner aus verschiedenen Generationen stammen. Wohngemeinschaften könnten daher für diejenigen älteren Menschen infrage kommen, die der Gemeinschaft gegenüber aufgeschlossen sind und mit Konflikten konstruktiv umgehen können, jedoch nicht in eine Alteneinrichtung ziehen möchten.

Vorteile

– Individuell Wohnen
– Gemeinschaftsleben
– Vielfältige Anregungen
– Sicherheit

Mögliche Nachteile

– Eingeschränkte Privatsphäre
– Zeit für Gemeinschaft investieren
– Konflikte können auftreten

Internet-Tipp

www.haiku-plus.de

Wohngemeinschaft in einer Villa in Zürich

Lage und Ausgangssituation

Vor einigen Jahren hatten zwei ältere alleinstehende Damen aus Zürich in der Schweiz die Idee, eine Wohngemeinschaft zu gründen. Sie lebten zuvor in ganz unterschiedlichen Verhältnissen, doch ihnen war der Wunsch gemeinsam, ihren dritten Lebensabschnitt in Gesellschaft zu verbringen. Zusammen mit zwei weiteren potenziellen Mitbewohnerinnen suchten sie lange nach einem passenden Haus. Es musste so groß sein, dass jeder Bewohnerin ein geräumiges Einzelzimmer zur Verfügung stand, es sollte öffentlich gut zu erreichen sein und bei Bedarf rollstuhlgerecht ausgebaut werden können, und es durfte darüber hinaus natürlich nicht zu teuer sein.

Schließlich fanden sie in einer vornehmen Wohngegend am Zürichberg eine alte Villa aus dem Jahre 1930, die ihren Ansprüchen genügte. Um die Villa, die zuvor einer Klinik gehörte, kaufen zu können, gründeten sie eine Genossenschaft, für die jede Bewohnerin einen Anteilsschein erwarb. Im Jahre 1998 konnten sie schließlich einziehen.

Architektur

Die Villa hat acht Zimmer, zwei Bäder, drei WCs, eine große Wohnküche, eine Eingangshalle sowie diverse Nutz- und Abstellräume. Ein Anbau – er enthält die Garage sowie darüber drei weitere Zimmer und ein WC – wurde ebenso wie die zahlreichen Stellplätze vor dem Haus vermietet. Eine große Terrasse mit Teich, ein überdachter Freisitz sowie ein Gartenhaus ergänzen das Anwesen mit dem 2000 Quadratmeter großen Grundstück.

Aufgrund der guten Bausubstanz waren nur kleinere Renovierungsarbeiten nötig. Die Bewohnerinnen ließen streichen und tapezieren und legten dabei selbst mit Hand an, sodass die schönen alten Holztüren und die Stuckdecken wieder voll zur Geltung kamen. Nur die Fensterrahmen wurden aus Kostengründen in ihrem alten Zustand belassen und sollen erst später renoviert werden. Die Bewohnerinnen haben sich nach einer selbst erstellten Dringlichkeitsliste für jedes Jahr eine Reparatur vorgenommen, um so nach und nach dem alten Haus wieder Glanz zu verleihen.

Wohnkonzept

Jedes WG-Mitglied bewohnt ein etwa 25 bis 30 Quadratmeter großes Zimmer. Esszimmer, Wohnzimmer, Küche, die zwei Bäder und die Halle werden gemeinsam genutzt. Zwei etwa 15 Quadratmeter große Zimmer stehen als Gästezimmer zur Verfügung, derzeit ist eines davon vorübergehend an eine junge Frau vermietet.

Der Kaufpreis der Villa lag bei 2 Millionen Schweizer Franken. Beim Einzug musste jede Bewohnerin einen Genossenschaftsanteil von 100 000 Franken einbringen, zusätzliches Eigenkapital war natürlich willkommen. Den Restbetrag lieh eine Bank, die von der Idee einer Senioren-Wohngemeinschaft angetan war und dieses Wohnmodell unterstützen wollte. Monatlich zahlt jede Bewohnerin – abhängig von der Größe ihres Zimmers – anstelle einer Miete an die Bank Zinsen in Höhe von etwa 1500 Franken, die Wohnnebenkosten sind darin bereits enthalten.

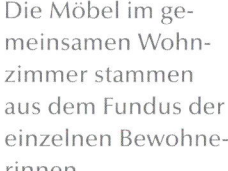

Die Möbel im gemeinsamen Wohnzimmer stammen aus dem Fundus der einzelnen Bewohnerinnen.

Beim Auszug bekommt eine Bewohnerin ihren Genossenschaftsanteil wieder zurück, der jedoch durch den nächsten Bewohner oder die nächste Bewohnerin wieder eingebracht werden muss. Pro Monat zahlt jedes Mitglied der Wohngemeinschaft zusätzlich 400 Franken in eine gemeinsame Kasse, aus der alle anfallenden Ausgaben für den Haushalt, wie zum Beispiel Wasch-, Putz- und Lebensmittel sowie die Vergütung für eine Putzfrau bestritten werden.

Richtschnur für das Zusammenleben bilden die Statuten der Genossenschaft, die auf gegenseitiger Toleranz und Beistand im Rahmen christlicher Nächstenliebe aufgebaut sind. Sollte jemand also Hilfe benöti-

Die Villa am Zürichberg ist von einem großen, eingewachsenen Garten umgeben.

Terasse und Freisitz bieten im Sommer viel Platz für gemeinsame Abende.

Wohngemeinschaft in einer Villa in Zürich   111

Vom Esszimmer aus hat man einen wunderschönen Ausblick auf den Zürichsee.

gen, kann er sich auf die Unterstützung durch die Mitbewohner verlassen. Bei Pflegebedürftigkeit wird allerdings ein ambulanter Pflegedienst hinzugezogen, der außer den pflegerischen Leistungen auch Betreuung und Hilfsleistungen anbietet.

Drei Jahre nach der Gründung verließen zwei Bewohnerinnen die Wohngemeinschaft wieder und zwei jüngere kamen dazu. Damit wurde aus der ursprünglichen Senioren-WG eine generationengemischte Wohngemeinschaft. Gegenwärtig wird die Villa bewohnt von den beiden mittlerweile 75 und 76 Jahre alten Gründerinnen, von zwei Frauen im Alter von 45 bis 49 Jahren sowie dem 16-jährigen Sohn einer der Bewohnerinnen und einem Hund.

Das unterschiedliche Lebensalter der einzelnen Bewohner belebt die gesamte Gemeinschaft. Die Lebenserfahrung der Älteren bereichert die jüngeren, die wiederum Spontaneität und frischen Wind in die Gruppe bringen. Jeder hat andere Interessen und Fähigkeiten, die er so gut es geht einbringt. Wer zum Essen da sein will, trägt sich auf einer Tafel in der Küche ein. Dann wird spontan entschieden, wer kocht. Die beiden Jüngeren sind berufstätig und kochen überwiegend abends, mittags sind die beiden älteren Bewohnerinnen normalerweise allein. Das Frühstück wird jedoch meist gemeinsam eingenommen. Wenn eine der Bewohnerinnen Besuch hat, ist dieser allen willkommen. Da Wohn- und Esszimmer durch eine Schiebetür voneinander abgeteilt werden können, kann sich jede mit ihrem Besuch aber auch zurückziehen und die Tür schließen.

Die stilvollen Möbel sowie ein schönes Klavier stammen aus dem Fundus der einzelnen Bewohnerinnen. Jede hat etwas beigetragen und jede arrangiert sich damit, dass die so gestalteten Gemeinschaftsräume nicht ganz dem eigenen persönlichen Stil entsprechen.

Mittlerweile haben die Bewohnerinnen viel Spaß daran gefunden, regelmäßig gesell-

Die große Eingangshalle bietet reichlich Platz für Empfänge.

schaftliche Themenabende zu veranstalten. Dies können Hauskonzerte mit Jazzmusikern sein, Vernissagen, Modeschauen oder Lesungen durch Autoren. Dazu laden sie meistens etwa 100 Gäste ein, wozu sich die großen Räume geradezu anbieten. Die Vorbereitungen dazu, einschließlich das Herrichten eines Imbisses, übernehmen die Bewohnerinnen selbst.

Besonderheit

Gegenseitige Toleranz und Wohlwollen im Hinblick auf die Eigenheiten der anderen sind bei dieser familienähnlichen Wohnform wichtige Vorraussetzungen für ein harmonisches Miteinander.

Die Mitglieder der Wohngemeinschaft am Zürichberg haben sich gut aufeinander eingespielt und einen für alle angenehmen Mittelweg zwischen Nähe und Distanz gefunden. Sie empfinden ihre Wohnform als große persönliche Bereicherung. Das hier entstandene Beziehungsnetz gibt viel Sicherheit, will jedoch auch gepflegt werden. Kommen dann noch – wie hier – Kontakte zu den eigenen Verwandten hinzu, die Beschäftigung mit Enkelkindern und mit Hobbys, ist ein abwechslungsreiches Leben garantiert – Langeweile und Einsamkeit im Alter sind in dieser Villa Fremdwörter.

Das Klavier im Wohnzimmer wird rege genutzt, Musik aller Art wird in diesem Haus groß geschrieben.

Obergeschoss

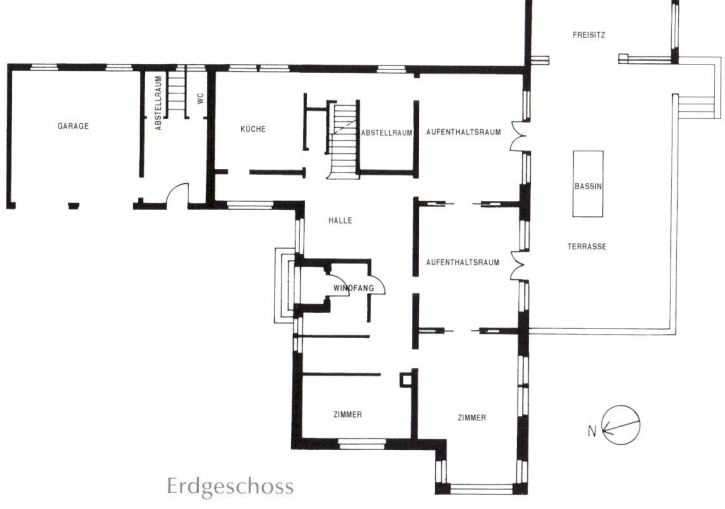

Erdgeschoss

Großhaushalt »Karthago« in Zürich

Lage und Ausgangssituation

Im Züricher Stadtteil Wiedikon wurde im Jahre 1997 von der Genossenschaft »Karthago« – der Name bedeutet »die neue Hauptstadt« – der gleichnamige Kollektivhaushalt gegründet, bei dem 57 Bewohner aller Generationen in verschieden großen Wohngruppen zusammenleben. Nachdem die Genossenschaft lange Jahre um ein passendes Grundstück und ein Haus für ihr alternatives Wohnprojekt gekämpft hatte, konnte sie schließlich ein Bürohaus aus den 1950er Jahren erwerben, das sie zu einem barrierefreien Wohnhaus umbauen ließ. Ihr Ziel ist es, Menschen, die nicht in Einzelhaushalten leben wollen, eine gemeinschaftliche und selbstverwaltete Wohnform zu bieten.

Der städtische Großhaushalt Karthago wurde im Jahr 2002 wegen seines innovativen

Der Koch bereitet in der Großküche allabendlich hochwertige Mahlzeiten zu.

Wohnkonzepts von der Stadt Zürich mit dem Sonderpreis »Wohnbaugenossenschaften« ausgezeichnet.

Architektur

In dem ehemaligen Bürohaus verteilen sich nun insgesamt zehn Wohnungen auf fünf Stockwerke, das ausgebaute Dachgeschoss dient den jugendlichen Bewohnern als Aufenthaltsbereich. Ein rollstuhlgerechter Lift erschließt alle Ebenen. Gemeinschaftlich genutzt werden im Erdgeschoss die Großküche, der etwa 80 Quadratmeter große angrenzende Aufenthaltsraum sowie ein 70 Quadratmeter großer Mehrzweckraum, in den zwei Kellergeschossen zahlreiche Nutzräume, wie zum Beispiel ein großer Wasch- und Trockenraum sowie im Freien der nach und nach umgestaltete Innenhof und die große Dachterrasse.

Auf jedem Stockwerk gibt es eine 4-Zimmer- sowie eine 7-Zimmer-Wohnung für je eine kleine und eine große Wohngemeinschaft. Ein Aufenthaltsbereich mit kleiner Teeküche dient den jeweiligen Bewohnern als Gemeinschaftsraum. Die Privatzimmer wurden mit Leichtbauwänden voneinander abgeteilt und zusätzlich schallgedämmt, sodass sich die Grundrisse bei Bedarf relativ leicht abwandeln lassen. Den großen Wohngemeinschaften dient der geräumige Eingangsbereich als Gemeinschaftsraum. Damit er ausreichend Tageslicht erhält, wurden neben den Türen der Privatzimmer Milchglasstreifen eingesetzt, was diese Türen wie eigene Hauseingänge wirken lässt.

Im Dachgeschoss befindet sich neben einem Aufenthaltsbereich ein Gästezimmer,

ein Bad sowie die Privaträume der jugendlichen Bewohner.

Wohnkonzept

Karthago ist keine Wohngemeinschaft im herkömmlichen Sinne. Das Besondere ist hier das Konzept des Einküchenhauses: Mittelpunkt des Hauses ist die gemeinschaftliche Großküche, in der abends an fünf Werktagen pro Woche ein von der Genossenschaft angestellter Koch für die Bewohner, die sich zum Essen eingetragen haben, kocht. Besonderer Wert wird dabei auf die Verwendung von ökologisch wertvollen Lebensmitteln gelegt. Im angrenzenden etwa 80 Quadratmeter großen Speisesaal, der wegen der gemütlichen Sitzecke am Raumende auch als Aufenthaltsraum genutzt wird, findet das gemeinsame Abendessen statt. Bei schönem Wetter wird es auch gerne im Hof oder auf der Dachterrasse eingenommen.

In der Großküche sind zusätzlich zu den großen noch haushaltsübliche Kochplatten vorhanden, die von den Bewohnern nach Absprache auch für private Zwecke genutzt werden können. Küche und Essraum werden jeden Abend von den Bewohnern im Wechsel gereinigt, für die Reinigung der übrigen Gemeinschaftsräume ist ein Bewohner zuständig, der zu diesem Zweck von der Genossenschaft angestellt wurde. Alle vier Monate treffen sich die Bewohner zu einer Vollversammlung, bei der aktuelle Themen aus dem Gemeinschaftsleben besprochen werden.

Wer in Karthago einziehen möchte, muss zunächst Mitglied der Genossenschaft werden und nach Möglichkeit eine Kapitalbeteiligung von 20000 Schweizer Franken leisten. Für finanziell schwächere Interessenten gibt es ein hauseigenes Subventionssystem, das von allen Mietern mitgetragen wird. Die monatliche Miete für ein Zimmer innerhalb einer Wohngruppe beträgt etwa 750 Schweizer Franken, davon werden 20 Prozent für die Wohnnebenkosten, die Finanzierung der Köche, des Subventionssystems und sonstiger Betriebsausgaben verwendet.

Im Großhaushalt Karthago leben die unter-

Von der Dachterrasse aus blickt man über die Dächer Zürichs hinweg auf den Uetliberg.

schiedlichsten Menschen zusammen: Familien, Singles, Behinderte, Alleinerziehende, Senioren oder Paare. Allen ist gemeinsam, dass sie gerne in einer großen Gemeinschaft leben wollen und dafür bereit sind, Einschränkungen der Privatsphäre in Kauf zu nehmen. Die halbprivaten Gemeinschaftsbereiche in den jeweiligen Wohnungen stellen einen Übergang von den privaten Einzelzimmern zu den von allen genutzten Gemeinschaftsräumen des Hauses dar. Diese räumliche Gliederung hat – anders als in herkömmlichen Wohnungen – den Vorteil, dass die Bewohner gleichzeitig unterschiedlichen Aktivitäten nachgehen können: Während einer sich in die ruhige Wohnung oder in sein Einzelzimmer zurückzieht, kann ein anderer

mit seinem Besuch oder anderen Hausbewohnern im Aufenthaltsraum einen geselligen Abend verbringen.

Das Zusammenleben im Großhaushalt Karthago ist geprägt von Gemeinschaftssinn und Toleranz. Die älteren Bewohner – der Älteste ist 77 Jahre alt – haben tagsüber die Wohnung für sich allein, da die jüngeren Bewohner ihrer Arbeit nachgehen. Nachmittags und abends treffen nach und nach die Mitbewohner ein und beleben die Wohnung. Unten beim Abendessen herrscht dann viel Trubel. Das ist der Zeitpunkt, an dem sich die »Karthager« austauschen und ein lebendiges Gemeinschaftsleben das Erdgeschoss des Hauses erfüllt: An einem Tisch wird gerade eine Flasche Wein entkorkt, etwas weiter lassen Kinder ihre Spielzeugautos über den weitläufigen Boden flitzen. Kleinkinder, schnell wie die Wiesel quer durch den Raum krabbelnd, kreuzen den Weg eines Rollstuhlfahrers, der daraufhin vorsichtig abbremst und geduldig wartet, bis der Weg wieder frei ist. Einige diskutieren angeregt über die neuesten kulturellen Projekte und wieder andere sitzen einfach nur da und schauen dem bunten Treiben zu. Dabei können bereits von weiter oben Musikbässe zu hören sein – die Jugendlichen haben unterm Dach ihr eigenes Reich.

Wenn ein Bewohner auszieht, müssen die übrigen Bewohner der jeweiligen WG einen neuen Mieter suchen, der zu ihnen passt. Bleibt ein Zimmer leer, müssen die WG-Bewohner die Kosten mittragen, da der Mietvertrag mit der gesamten Wohngruppe abgeschlossen wird und nicht mit Einzelpersonen. So manch einer, der ausgezogen ist, kommt häufig zum Abendessen wieder vorbei – die Verbundenheit zu Karthago bleibt lange bestehen.

Besonderheit

Der Großhaushalt Karthago zeichnet sich durch die vorbildliche Verknüpfung sozialer, ökologischer und ökonomischer Aspekte aus. Zentrales Element ist dabei die Großküche, in

Gemütlich gestalteter Gemeinschaftsbereich einer Wohngemeinschaft für sieben Personen.

Im Aufenthaltsraum im Erdgeschoss treffen sich die »Karthager« täglich zum gemeinsamen Abendessen.

der die Bewohner nicht nur versorgt, sondern auch zusammengeführt werden.

Karthago bietet ein Leben mitten in der Stadt, geprägt von der Solidarität der Bewohner untereinander. Integration von Behinderten, Senioren, Alleinerziehenden oder anderen sozialen Gruppen in ein stabiles Netzwerk sowie ein reges Gemeinschaftsleben charakterisieren den Alltag in diesem großen Mehrgenerationenhaushalt.

ANZAHL DER WOHNUNGEN
10
MIETE FÜR EIN ZIMMER
ca. 750 Schweizer Franken
EIGENKAPITALBEITRAG
ca. 20 000 Schweizer Franken

ANSCHRIFT
Genossenschaft Karthago
Zentralstraße 150
CH-8003 Zürich

Tel: 00 41-(0)1-4 63 87 93
E-mail: karthago@svw.ch
www.svw.ch/karthago

Ansicht von der Straße

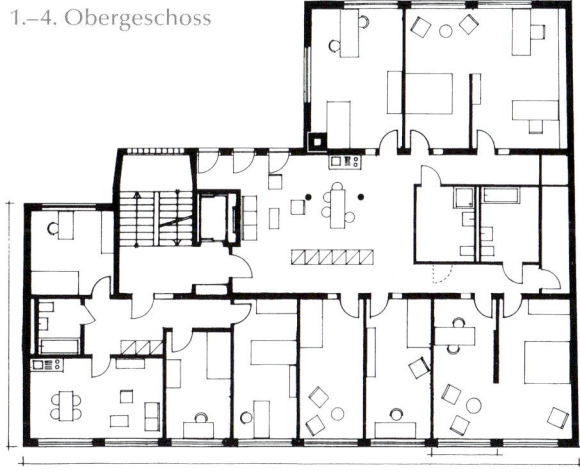

1.–4. Obergeschoss

Esszimmer in einer Wohngemeinschaft

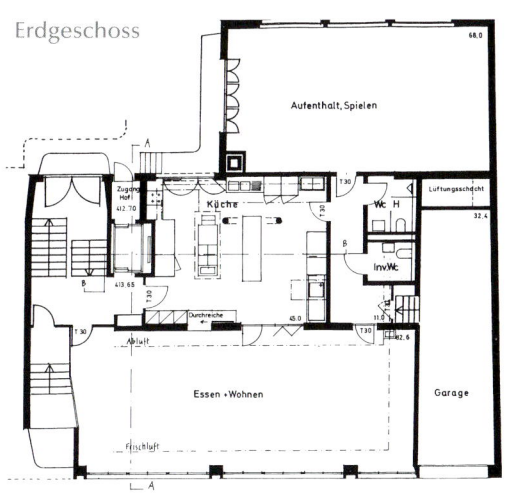

Erdgeschoss

Beschützendes Wohnen
für Menschen mit Alzheimer-Demenz

An Alzheimer-Demenz leiden zur Zeit mehr als 1 Million Menschen in Deutschland und es werden immer mehr. Prognosen zufolge sollen es in 20 Jahren über 2 Millionen sein. Treffen kann diese gefürchtete Diagnose jeden. Auch Prominente, wie zum Beispiel Ronald Reagan oder Helmut Zacharias, sind beziehungsweise waren von dem schleichenden Verfall des Gehirns betroffen. Alzheimer-Demenz ist demnach eine der häufigsten Alterserkrankungen der westlichen Welt – eine Entwicklung, die große gesellschaftliche Probleme aufwirft, denn die Kranken benötigen eine intensive Betreuung in einem entsprechend angepassten Wohnumfeld. Häufig werden die Alzheimer-Symptome als normale Alterserscheinung angesehen und nicht als eine schwere Erkrankung, die aus den betroffenen Menschen Pflegefälle werden lässt.

8 bis 12 Jahre schreitet der Verlauf der Krankheit im Allgemeinen voran, doch sie wird meist erst im letzten Drittel, wenn Ausfallerscheinungen auftreten, erkannt. Im fortgeschrittenen Stadium wird die Krankheit oft im Freundeskreis und in der Öffentlichkeit verschwiegen. Um an Alzheimer-Demenz Erkrankten ein würdiges Dasein zu ermöglichen, muss diese Krankheit jedoch durch umfassende Informationen enttabuisiert werden. Andernfalls entstehen leicht Vorurteile und Fehleinschätzungen, die zur Ausgrenzung der Betroffenen führen können.

Was genau bedeutet Alzheimer-Demenz?

Der Begriff »Demenz« stammt aus dem Griechischen und bedeutet »Vergessen«. Die Alzheimersche Erkrankung wurde nach Alois Alzheimer benannt, der diese Erkrankung im Jahr 1906 erstmals bei einem Menschen diagnostizierte und darüber referierte. Beiden Krankheitsbildern liegt eine Hirnleistungsstörung (HLS) zugrunde, doch kommt diese unterschiedlich zustande. Bei Morbus Alzheimer, der weit häufigeren Variante, bilden sich Eiweißablagerungen im Gehirn, was zum Absterben von Nervenzellen führt. Bei der vaskulären Demenz zerstören kleine Hirninfarkte Teilbereiche des Gehirns, was ebenfalls den Verlust von Hirnleistungen zur Folge hat. Konkret bedeutet dies, dass Menschen mit einer dieser beiden Erkrankungen einen langen Weg ins Vergessen antreten. Oftmals bleiben noch Teile des Langzeitgedächtnisses erhalten, sodass die Betroffenen sich an weit zurückliegende Ereignisse erinnern können, während gleichzeitig die nächsten Angehörigen nicht mehr erkannt werden.

Die Krankheit zeigt verschiedene Schweregrade, doch in allen Fällen geht sie mit erheblichen Wahrnehmungsstörungen einher und hat eine grundlegende Veränderung der Persönlichkeit zur Folge. Unruhe, Misstrauen, Wut und auch Aggressionsschübe sind ebenso typisch wie depressives oder verweigerndes Verhalten. Orientierungslosigkeit und die Neigung wegzulaufen, »nach Hause zu gehen«, sind sehr verbreitet. Der Tag- und Nachtrhythmus verändert sich. In sehr schweren Fällen verlieren die Erkrankten ihre natürliche Kontrolle, sie lachen oder schreien scheinbar grundlos, sie benutzen Schimpfwörter, die sie früher nie in den

Mund genommen hätten oder sie stecken wie Kleinkinder mit den Fingern alles Mögliche in den Mund.

Angehörige werden durch dieses Verhalten meist überfordert, sie müssen hilflos mit ansehen, wie ein Elternteil oder der Lebenspartner sich völlig verändert und in eine andere, fremde Welt eintritt, aus der kein Weg zurückführt. Wie intensiv man sich dem Kranken auch zuwendet, wie sehr man ihn pflegt und versorgt, wie viel Liebe man ihm auch gibt, es scheint zunächst nichts zurückzukommen – eine Situation, die viele verzweifeln lässt.

Die Erkrankten können nichts für ihr belastendes Verhalten, sie sind vielmehr hilflos ihrer fortschreitenden Gehirnerkrankung ausgeliefert. Diesen Menschen ein würdevolles Dasein zu ermöglichen und gleichzeitig sie in ihrer Einzigartigkeit als Mensch zu erkennen und wertzuschätzen ist Ziel von gerontopsychiatrischen Betreuungseinrichtungen. Es ist sicher schwierig, sich diesen Blickwinkel im Alltag zu erhalten und nicht jeder Angehörige oder Pflegende kann die auftretenden Belastungen ertragen. Alzheimer-Demenz ist derzeit noch nicht heilbar, doch die Wissenschaftler haben die Mechanismen, die zu diesen Krankheiten führen, bereits entschlüsselt. Bislang gibt es nur Medikamente zur Linderung der Symptome.

Anforderungen an das Wohnumfeld

Wie kann man Demenzkranken ein menschenwürdiges Umfeld bieten? Eine Rundum-die-Uhr-Pflege in der Familie ist häufig nicht möglich, da die Belastungen für die Angehörigen enorm sind. Eine Entlastung können hier Tagespflegeeinrichtungen bieten. Die Tagesgäste werden morgens abgeholt, untertags kompetent betreut und abends wieder nach Hause gebracht. Viele an Alzheimer-Demenz Erkrankte werden jedoch in Pflegeheimen, die schweren Fälle in geschlossenen Abteilungen von Altersheimen oder von psychiatrischen Kliniken untergebracht. In normalen Pflegeheimen ist meist eine dauerhafte gerontopsychiatrische Versorgung nicht gewährleistet, da es – bedingt durch die häufig zu geringen Personalschlüssel – zu wenige speziell für diese Krankheitsbilder geschulte Pflegekräfte gibt. Dabei liegt gerade in Pflegeheimen der Anteil der schwer Demenzkranken mittlerweile bei 60 bis 80 Prozent. Häufig müssen den Kranken bei starken Verhaltensauffälligkeiten Psychopharmaka verabreicht werden, was unter anderem die Betreuung erleichtert – ein für das häufig überlastete Pflegepersonal ein wichtiger Aspekt.

Es gibt aber – wenn auch noch wenige – speziell auf Demenzkranke eingerichtete Pflegeheime sowie Wohnmodelle, die besonders den schwer Erkrankten ein Leben bei größtmöglichem Erhalt der Selbstständigkeit ermöglichen. Voraussetzung hierfür ist, dass Architektur und Pflegekonzept aufeinander abgestimmt sind und genügend Fachpersonal vorhanden ist. Die Architektur bildet den äußeren Rahmen, um Demenzkranken Geborgenheit in einem überschaubaren Umfeld zu vermitteln. Innerhalb dieser beschützenden Wände kann dann ein Pflegekonzept verwirklicht werden, das im Idealfall individuelle Betreuung jedes Einzelnen und Förderung seiner noch vorhandenen Fähigkeiten bietet.

Gerade die Architektur kann dazu beitragen, Demenzkranken das Leben zu erleichtern. Sie sollte in erster Linie das Gefühl von Sicherheit vermitteln, indem sich die Gestaltung der einzelnen Räume an einer Wohnung orientiert und keine Vertikalerschließungen im Aufenthaltsbereich aufweisen.

In der Ebene brauchen die Erkrankten durch ihre auftretende motorische Unruhe ausreichende Bewegungsfläche. Lange Flure oder Rundgänge innerhalb der Einrichtung sind ideale »Spazierwege«, sollten jedoch zu einem definierten Abschluss führen und dem Kranken das Gefühl vermitteln, »anzukommen«. Eine gemütliche Sitzgruppe oder ein aufgeweiteter Aufenthaltsbereich könnten dafür schon ausreichen. Fehlt dieser Abschluss, verlieren die Bewohner häufig die Orientierung, laufen endlos im Kreis oder stoßen am Ende des Flurs auf eine Wand und wissen nicht weiter.

Glastüren sind für Demenzkranke ungeeignet, da sie Glas nicht als Raumgrenze erkennen können, folglich dagegenlaufen und sich unter Umständen sogar verletzen. Auch bis zum Boden reichende Fenster sind problematisch, da sie Demenzkranken das Gefühl vermitteln hinauszufallen zu können.

Gemusterte Fußböden werden oft als Barrieren wahrgenommen, da die Erkrankten häufig nicht mehr zwischen einem Bordstein und einer Linie auf dem Boden unterscheiden können.

Warme und angeraute Materialien im Griffbereich sind sinnvoll, da sie Einbußen im Tastsinn ausgleichen und haptische Reize vermitteln können.

Ein besonders wichtiger Aspekt ist das Licht. Demenzkranke benötigen aufgrund ihrer veränderten Wahrnehmung eine größerer Helligkeit ihrer Umgebung als mit den üblichen 200 Lux in Wohnbereichen erzielt werden kann. Durch gute Beleuchtung wird der Stoffwechsel angeregt, der Schlaf-Wach-Rhythmus günstig beeinflusst und die Stimmung aufgehellt. Bei einer Beleuchtungsstärke von 300 bis 500 Lux nehmen sowohl Aggressionen als auch depressive Verstimmungen ab. Um höhere Investitionskosten für zusätzliche Elektroinstallationen (Wanddurchbrüche, Elektroschlitze, Brandschutz, Starkstrominstallation, Schalter) und für die Leuchtkörper zu vermeiden, ist es besonders im Neubau wichtig von vornherein auf die möglichst optimale Ausnutzung des Tageslichts zu achten, was auch der Wohnatmosphäre insgesamt zugutekommt.

Ein beschützender Garten ist für Demenzkranke ein wichtiger und bereichernder Bestandteil des Lebens. Wege mit Sitzbänken zum Ausruhen und beschützenden Architekturelementen wie Pergolen oder Lauben schaffen einen übersichtlichen Bewegungsraum, Hochbeete mit duftenden Kräutern fördern ebenso wie eine Obstecke oder eine blühende Blumenwiese anstelle eines gepflegten Rasens die Sinneswahrnehmung. Ein kleiner Trinkbrunnen mit bereit stehenden Bechern animiert dazu, sich jederzeit zu bedienen, was auf einfache Weise dem Problem der Austrocknung bei alten Menschen entgegenwirkt. Ein rings um den Garten geschlossener Zaun, der idealerweise von Pflanzen berankt wird, verhindert das Weglaufen und Sichverirren.

Mittlerweile gibt es immer mehr Einrichtungen, die auf diese Weise auf die Bedürfnisse von demenziell Erkrankten eingehen. Die Befürchtung, in Pflegeheimen werde häufig mit Unterstützung von Psychopharmaka eine reine »Satt und sauber«-Versorgung betrieben, können modern geführte Einrichtungen bei entsprechender personeller und finanzieller Ausstattung leicht zerstreuen.

Wohnen in Geborgenheit mit individueller Betreuung ist auch für Menschen mit der Alzheimerschen Erkrankung in einer Pflegeeinrichtung möglich. Voraussetzung dafür ist eine auf die speziellen Bedürfnisse der Bewohner abgestimmte moderne Architektur und genügend Fachpersonal, das persönliche Ansprache bietet und zu gemeinschaftlichen Aktivitäten anregt. Für die Angehörigen bedeutet die Unterbringung der Erkrankten in einem respektvollen und warmherzigen Umfeld eine spürbare Entlastung. Für die Demenzkranken wiederum ermöglicht diese Umgebung, ein würdevolles Leben im Alter führen zu können. Die in diesem Buch vorgestellten Projekte sind in dieser Hinsicht beispielhaft.

Internet-Tipp
www.altern-in-wuerde.de
www.deutsche-alzheimer.de

Projektbeispiele in diesem Buch, die ebenfalls Pflege für Demenzkranke anbieten:
– Seniorenzentrum Herbertingen, Seite 42
– Seniorenzentrum Burgbreite, Wernigerode, Seite 34
– Gradmann-Haus in Ostfildern-Ruit, (Tagespflege), Seite 48
– Wohnanlage Kempten (Tagespflege), Seite 72

Rothenfußer Wohngemeinschaft in München

Lage und Ausgangssituation

Die Rothenfußer Wohngemeinschaft – eine betreute therapeutische Einrichtung für ältere verwirrte Menschen – bietet eine Kombination aus Altenhilfe und psychiatrischer Betreuung. Das Hauptanliegen bei dieser Wohnform ist die Integration der Betroffenen in ein ganz normales Wohnumfeld, ihre Beteiligung an alltäglichen Aufgaben sowie nach Möglichkeit der Erhalt der hierfür nötigen Kompetenzen.

Diese therapeutische Form des gemeinschaftlichen Wohnens ist in Deutschland noch selten, in Frankreich dagegen hat sie sich bereits seit langem bewährt. Sie basiert auf dem Prinzip des südfranzösischen »Cantou«, einer offenen Feuerstelle, um die herum sich in Bauernhäusern früher das Familienleben abspielte. Heute werden mit Cantous in Frankreich kleine Wohneinheiten bezeichnet, in denen hilfsbedürftige ältere Menschen bis an ihr Lebensende wohnen und dabei von ihren Angehörigen und von Pflegekräften begleitet werden.

Die Rothenfußer Wohngemeinschaft wurde im Oktober 2000 in einer ehemaligen Offizierswohnung in der Münchner Chiemgaustraße als erste Einrichtung dieser Art in Bayern eröffnet.

Architektur

Die Wohngemeinschaft ist in einer etwa 250 Quadratmeter großen Wohnung im 2. Stock eines zu einer ehemaligen Kaserne gehörenden Hauses untergebracht. Wichtigster Bereich für eine derartige Wohngemeinschaft ist der zentrale Aufenthaltsraum, im Idealfall eine große Wohnküche oder – wie im vorliegenden Beispiel – eine zum Wohnzimmer hin offene Küche. Hier spielt sich das gemeinschaftliche Leben ab. Jeder Bewohner hat ein mit eigenen Möbeln eingerichtetes privates Zimmer, in das er sich zurückziehen und in dem er nach Belieben kramen, räumen und verstecken kann – eine bei Demenzkranken beliebte Beschäftigung. Abgesehen von einem Waschbecken im Zimmer gibt es keine eigene Nasszelle, für alle Bewohner stehen stattdessen zwei geräumige Bäder zur Verfügung. Dies hat den Vorteil, dass deren Benutzung von den Betreuern kontrolliert und dadurch Unfälle vermieden werden. Die Wohnung in der Chiemgaustraße bietet zwar einen geräumigen und sinnvoll zu möblierenden Gemeinschaftsbereich, ist jedoch durch die langen Flure ohne aufgeweiteten Abschluss nicht ideal. Auch ist ein schöner Garten vorhanden, der jedoch völlig offen ist. Ein Umzug der WG in einen Neubau mit beschützendem Garten ist für die nahe Zukunft geplant.

Wohn- und Pflegekonzept

Zurzeit leben in der Wohngemeinschaft sieben schwer demenzkranke Frauen im Alter von 60 bis 86 Jahren. Sie werden rund um die Uhr von einem ambulanten Dienst betreut, der aus insgesamt fünf Fachpflegekräften aus dem gerontopsychiatrischen und dem sozialpädagogischen Bereich und aus vier so genannten Alltagsbegleiterinnen besteht. Als solche verstehen sich auch die Pflegekräfte. Alle Mitarbeiter erledigen sämtliche im Laufe des Tages anfallenden Arbeiten wie Kochen, Putzen, Waschen, und zwar so weit wie möglich mit den Bewohnerinnen zusammen. Eine Aufsplittung der Tätigkeiten wie in einer Heimeinrichtung gibt es hier nicht.

Mithilfe der Betreuer können die Bewohnerinnen – je nach Vorliebe und Fähigkeiten – bei der Zubereitung der Mahlzeiten helfen, Geschirr spülen, bügeln, Wäsche legen oder einfach nur dabei sitzen und zuschauen. Gemeinsames Singen oder Rätsellösen findet ebenfalls in dem zentralen Wohnraum statt. Beschäftigungstherapien sind überflüssig, da die Alltagserfordernisse den Bewohnerinnen genügend sinnvolle Tätigkeiten ermöglichen. Die Wohnungstür wird nicht abgeschlossen, denn die Bewohnerinnen sollen sich nicht eingesperrt fühlen und ihrem zuweilen auftretenden krankheitsbedingten Bedürfnis, »nach Hause zu gehen«, nachkommen dürfen. Nachdem sie sich angezogen und vorbereitet haben, haben sie im Treppenhaus ihr Vorhaben meist schon wieder vergessen und begegnen hier »zufällig« einer Betreuerin, die unauffällig gefolgt ist. Gemeinsam machen sie sich auf den Rückweg. Auch hier zeigt sich die hohe Motivation der Pflegekräfte und der Sinn eines hohen Personalschlüssels.

Die Betreuerinnen nehmen auf den individuellen Lebensrhythmus jeder einzelnen Bewohnerin Rücksicht, die so ihren Tagesablauf und ihre pflegerische Versorgung aktiv mitbestimmen kann. Jeder darf zu den individuell gewohnten Zeiten schlafen gehen oder frühmorgens aufstehen, das Frühstück wird für jeden einzeln zubereitet. Typisch für diese Wohngemeinschaft ist auch, dass die Bewohnerinnen in ihr Stadtviertel mit eingebunden werden. Sie gehen mit Begleitung zum Einkaufen, ins Café und auch in die Kirche.

Die Rothenfußer Wohngemeinschaft wird von zwei Vereinen – dem Münchner Förderkreis als Wohnungsanbieter und dem Verein »Carpe Diem« als Betreuungsanbieter – sowie einem Angehörigengremium getragen. Mieter sind die Bewohner selbst bzw. ihre gesetzlichen Vertreter. Engagement und Verantwortungsbereitschaft der Angehörigen sind unabdingbar. Diese müssen bereit sein, den Gemeinschaftsgedanken mitzutragen, werden, wenn sie es wünschen, in die Situation der Wohngruppe mit einbezogen und haben ein starkes Mitspracherecht.

Da derartige Wohngemeinschaften in rechtlicher Hinsicht als »Nicht-Einrichtung« im Sinne des Heimgesetzes gelten, unterliegen sie auch nicht der Heimaufsicht und ihren Vorschriften. So können die Betreuer wesentlich freier und den individuellen Bedürfnissen der Bewohner entsprechend den Alltag gestalten, ohne durch das Einhalten von möglicherweise einengenden Regelungen die Motivation ihrer Schützlinge zu verringern. Projektleiterin und Sozialpädagogin Ulrike Reder: »Wenn eine Bewohnerin Gemüse für die gemeinsame Mahlzeit schneidet, dann müsste sie nach den Hygienevorschriften sich zuvor die Hände desinfizieren. Das ist einem demenzkranken Menschen nicht vermittelbar. Bei uns reicht es, sich die Hände zu waschen. Die Bewohnerinnen haben großen Spaß an ihrer Arbeit, denn sie merken, dass sie etwas leisten und zur Gemeinschaft beitragen.«

Der hohe Personalschlüssel ist natürlich

Voraussetzung, wenn man individuell auf die Bedürfnisse von verwirrten Menschen eingehen will. Genauso wichtig ist jedoch die positive Einstellung der Betreuer. Sie sehen ihre Arbeit nicht bloß als Beruf, sondern als Berufung, was sich unmittelbar auf die Bewohnerinnen auswirkt. Ulrike Reder hat beobachtet, dass sich in der Wohngemeinschaft Verhaltensauffälligkeiten häufig bessern und auch die Gabe von Psychopharmaka und Neuroleptika oft reduziert werden kann oder sogar ganz überflüssig wird.

Besonderheit

Bei dieser Wohnform steht nicht die Pflege, sondern das alltägliche Leben, an dem sich die Pflege orientiert, im Mittelpunkt. Individuelle Anleitung und Betreuung bei der Bewältigung des Alltags kommt gerade den schwerst demenzkranken Menschen, die stark verwirrt sind, zugute und fördert den Erhalt ihrer elementaren Alltagskompetenzen.

Aufgenommen werden Menschen, die schwerst pflegebedürftig sind, an Demenz oder Alzheimer leiden und starke Verhaltensauffälligkeiten zeigen. Ein fachärztliches Attest eines Psychiaters ist Aufnahmebedingung. Manche Bewohner kommen direkt aus geschlossenen Abteilungen psychiatrischer Krankenhäuser in die Wohngemeinschaft.

Dem enormen Engagement der Betreuer, die den Betroffenen bei all ihren Auffälligkeiten und Eigenheiten mit Respekt und liebevoller Fürsorge begegnen, verdanken die zum Teil stark verwirrten Bewohnerinnen ein würdevolles Leben in einem äußerst geborgenen Zuhause.

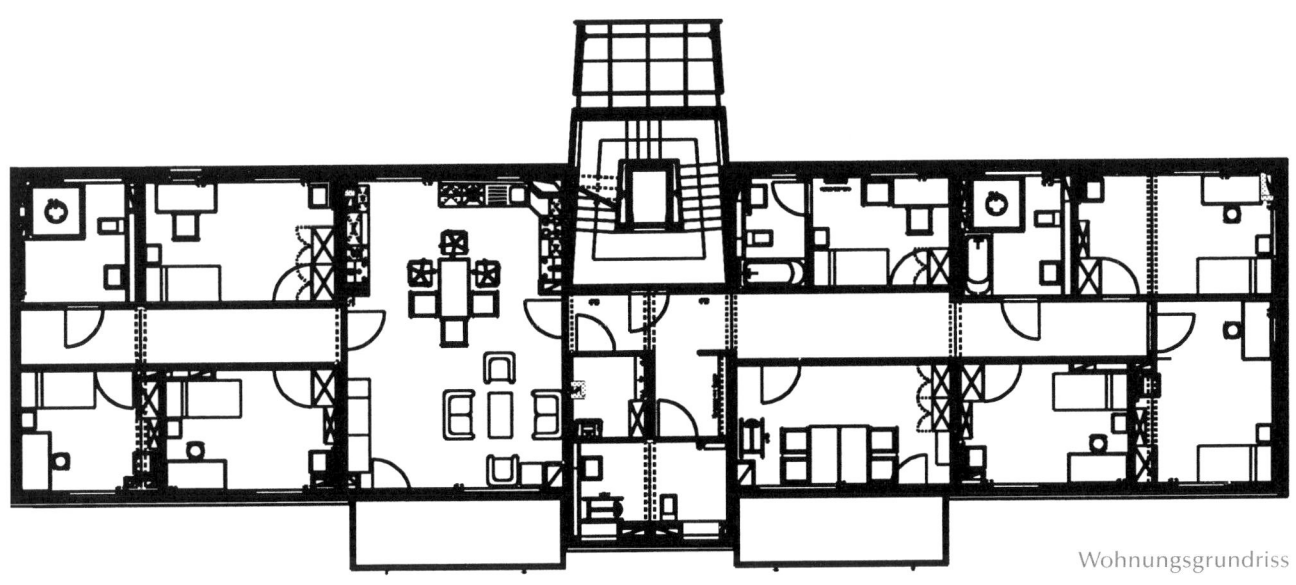

KOSTEN PRO MONAT
Die Kosten schwanken individuell sehr,
es gibt keinen Pflegesatz
Kostenbeispiel für einen Bewohner der
Pflegestufe II:
(Miete warm, Haushaltsgeld inkl. Strom
und Telefon, Verwaltungspauschale,
Pflege und Hauswirtschaft,
Therapeutische Wohngemeinschaft) 3876 €,
davon Eigenanteil 2263 €
(Zuschüsse durch Pflegekasse und Bezirk
Oberbayern)

PROJEKTLEITERIN
Ulrike Reder
Tel. 0 81 22-94 38 42

VEREIN »CARPE DIEM«
Alltagsbegleitung von psychisch veränderten
älteren Menschen
Watzmannstraße 7
81541 München
Tel: 0 89-62 00 07 55
Fax: 0 89-62 00 07 56

Altenpflegeheim in Würzburg

Lage und Ausgangssituation

In Würzburg wurde im Jahr 2001 eine stationäre Pflegeeinrichtung mit Tagespflege für alte Menschen eröffnet. Dazu musste das 1972 gebaute »BRK-Altenheim Dr. Dahl«, das südlich des Stadtzentrums hoch über dem Main-Ufer liegt, umgebaut und erweitert werden, da es – wie die meisten älteren Pflegeheime – baulich nicht auf die besonderen Bedürfnisse von Demenzkranken ausgerichtet war.

Dieses Altenpflegeheim wurde als Modellprojekt einer beschützenden Wohnform für Demenzkranke gefördert vom Freistaat Bayern, von der Stadt Würzburg und von der Bayerischen Landesstiftung. Die Modernisierung wurde von dem Münchner Architekt Lothar Marx, Lehrbeauftragter an der TU München für alten- und behindertengerechtes Bauen, geplant und durchgeführt.

Vor dem Umbau befand sich anstelle des jetzigen Anlieferungsbereichs eine Erdaufschüttung. Sie wurde abgetragen und danach im Erd-geschoss des zweigeschossigen Baukörpers die Großküche und darüber die Räume der Tagespflege eingerichtet.

Architektonisches Konzept

Ziel des Umbaus war es, den Bewohnern durch bauliche Strukturen das Gefühl von Geborgenheit zu vermitteln und ihre Selbstständigkeit weitgehend zu erhalten. Um eine sinnvolle Neuanordnung der Räume zu erreichen, musste das ursprüngliche Gebäude – ein massiver Mauerwerksbau – zunächst vollständig entkernt werden. Eine Erdaufschüttung, die ins heutige erste Obergeschoss führte, wurde abgetragen. Dadurch entstanden im Innern des Gebäudes neue Funktionsräume sowie ein ebenerdiger Zugang, der von einer mittlerweile begrünten Stützmauer eingefasst wird. Anstelle der Rampe befinden sich heute im Innenhof der Anlieferungsbereich für die Großküche sowie Parkplätze.

Die durch die Entfernung der Einzelbalkone bedingte Neukonstruktion der Fassade – Balkone werden von Demenzkranken allenfalls in Gemeinschaft benutzt – veränderte das äußere Erscheinungsbild des Gebäudes maßgeblich. Die Privatzimmer wurden um die Fläche des früheren Balkons nach außen erweitert. An der Nordseite entstanden Erker mit Ost-West-Belichtung. Für die neue Fassade wurde auf einem 60 Zentimeter hohen Mauerwerkssockel in Holzständerbauweise ein Rahmen gesetzt, der vorgefertigte zementgebundene rötliche Holzplatten in Sandwich-Bauweise trägt. Schiebeläden aus naturbelassenem Lärchenholz dienen als Sonnen- und Lichtschutz. Sie werden von innen elektrisch betrieben, wodurch sich die Fassade permanent verändert.

Im Erdgeschoss befinden sich die Räume der Verwaltung und des Personals sowie die

Großküche. Im ersten Stock, der auf der Gebäuderückseite ebenerdig an den Garten grenzt, wurde im ehemaligen Speisesaal die Tagespflege eingerichtet. Daran angrenzend sowie im zweiten bis vierten Stock befinden sich die Wohngruppen. Das neu gebaute Laternengeschoss auf dem Dach beherbergt einen großen Gemeinschaftsraum sowie eine kleine Kapelle. Auch das Fluchttreppenhaus am Haupteingang ist neu und wurde im obersten Abschnitt großzügig verglast, um den Ausblick vom Laternengeschoss auf die Festung Marienberg nicht zu behindern.

Für die Wohngruppen ist je ein eigener Gemeinschaftsraum mit Küchenzeile vorgesehen, in dem die Mahlzeiten serviert werden. Zusätzlich ist zwischen den beiden Wohnabschnitten ein gemeinsamer aufgeweiteter Bereich vorhanden, der als »Marktplatz« verstanden werden kann. Hier halten sich die Bewohner beider Haushälften gerne auf und haben Gelegenheit zu Kontakten und Geselligkeit. Jedem Bewohner steht ein Einzelzimmer mit Bad zur Verfügung und allen gemeinsam zusätzlich ein geräumiges Pflegebad. Eine Terrasse für die Gäste der Tagespflege sowie ein beschützender Garten für sämtliche Gäste und Bewohner ergänzt das räumliche Angebot um sorgfältig gestaltete Freibereiche.

Bei der Sanierung des Altenheims wurde besonderer Wert darauf gelegt, das visuelle Wahrnehmungsvermögen der Bewohner zu fördern. Erkennbar wird dies vor allem an dem ausgefeilten Beleuchtungskonzept. Die langen Flure konnten zum Beispiel aus statischen Gründen nicht aufgeweitet werden. Damit sie trotzdem nicht eintönig wirken,

wurden Wandleuchten mit asymmetrisch abgehängten Deckenelementen, in die Deckenstrahler eingebaut sind, kombiniert. Das so entstandene Spiel von Licht und Schatten fördert die Wahrnehmung und Orientierung der Bewohner, gliedert den Raum und teilt ihn optisch vom Aufenthaltsbereich ab, der wiederum durch Lichtpunkte über den Sitzgruppen akzentuiert wird.

In den Privatzimmern wurden Wandleuchten mit indirektem Oberlicht und direktem Unterlicht kombiniert. Durch das indirekte Licht wird die Decke blendfrei erhellt. Die Kombination von Ober- und Unterlicht sorgt für eine für Arbeitsplätze ausreichende Leuchtstärke, was für die Pflege wichtig ist. Auf Tisch- oder Stehleuchten wurde bewusst verzichtet, da sie für Demenzkranke eine Unfallquelle darstellen. Bei der farblichen Gestaltung der Räume orientierte sich der Architekt an der guten Farbsichtigkeit alter Menschen im langwelligen Rot-Bereich. Daher erhielten die Linoleumböden einen hellen Apricot-Ton, die Wände wurden in pastellfarbenem Eierschalenton und die Decke weiß gestrichen.

Auf der Südseite wurden die kleinen Balkone vor den Pflegezimmern entfernt, da sie von Demenzkranken höchstens in Gemeinschaft benutzt werden. Elektrisch betriebene Schiebeläden aus Lärchenholz dienen als Sonnenschutz und sorgen für eine sich stets ändernde Fassade.

Oben: Vom Multifunktionsraum im Laternengeschoss hat man einen schönen Blick auf Würzburg und die Festung Marienberg. Damit das Fluchttreppenhaus vor der Fassade diesen Ausblick nicht behindert, wurde es im oberen Abschnitt verglast.
Unten: Der Aufenthaltsraum der Tagespflege ist durch die Art der Möblierung und der Belichtung auf die Bedürfnisse von Demenzkranken abgestimmt.

Wohnkonzept

Auf jeder Etage des Pflegeheims wohnen 18 bis 24 Bewohner. Die Tagespflege besuchen täglich 15 bis 18 Gäste, die leichter an Demenz erkrankt sind und sich noch ein gewisses Maß an Selbstständigkeit erhalten haben. Hier finden die verschiedensten Aktivitäten statt wie Malen, Kneten, Häkeln, aber auch haushaltsbezogene Tätigkeiten. In anderen Etagen sind die Bewohner nicht mehr so selbstständig und benötigen zum Beispiel beim Waschen oder Anziehen Hilfe und Anleitung. Beschäftigungstherapien wie etwa Gedächtnistraining oder gemeinsames Singen sollen dazu beitragen, die Kommunikation der Bewohner untereinander aufrechtzuerhalten. Tagesformabhängig können die Bewohner in die jeweiligen Aktivitäten mit einbezogen werden. Die Mahlzeiten werden zu festgelegten Zeiten in kleinen Gruppen im jeweiligen Aufenthaltsraum eingenommen.

Besondere Lebensqualität bietet den demenzkranken Bewohnern der sorgfältig gestaltete beschützende Garten mit seinem alten Baumbestand. Ein Rundweg führt an einem Labyrinth vorbei, das aus in den Rasen verlegten Klinkersteinen besteht. Mit derartigen begehbaren Labyrinthen kommen gerade Demenzkranke gut zurecht – sie wollen oder können aufgrund ihrer veränderten Wahrnehmung nicht mogeln und werden in ihrer Orientierungsfähigkeit gefördert. Am Kräuterhochbeet entlang des Spazierwegs kommen die Bewohner im Vorbeigehen mit den verschiedensten Düften in Berührung und dürfen auch nach Belieben zugreifen und probieren. Ebenso verhält es sich mit den Früchten in der Obstecke – Himbeeren, Äpfeln und Johannisbeeren – am anderen Ende des Gartens. Auf der Terrasse animiert ein Brunnen mit Trinkwasserqualität dazu, den Durst zu löschen – eine gute Vorbeugung gegen die gerade bei älteren Menschen bestehende Gefahr des Austrocknens.

Besonderheit

Das Altenpflegeheim »Dr. Dahl« demonstriert auf beispielhafte Weise, wie aus einem in die Jahre gekommenen Pflegeheim durch grundlegende architektonische Eingriffe eine durchdachte Raumgestaltung sowie durch ein ausgefeiltes Licht- und Farbkonzept auf die besonderen Bedürfnisse von Demenzkranken eingegangen werden kann. Trotz der beim Umbau vom Bestand nötigen Kompromisslösungen, wie die unvermeidbaren langen Flure im vorliegenden Beispiel, ist hier ein modernes Pflegeheim entstanden, dessen räumliche Gestaltung den Bedürfnissen der zum Teil stark verwirrten Bewohner in besonderem Maße entgegenkommt.

PFLEGEPLÄTZE
85
TAGESPFLEGEPLÄTZE
18

ANSCHRIFT
BRK Altenpflegeheim Dr. Dahl
Friedenstraße 41
97072 Würzburg
Tel: 09 31-79 63 92 01

In den Pflegezimmern entstand durch die Rücknahme der Balkone ein kleiner Erker, um dessen Fläche die Räume vergrößert wurden.

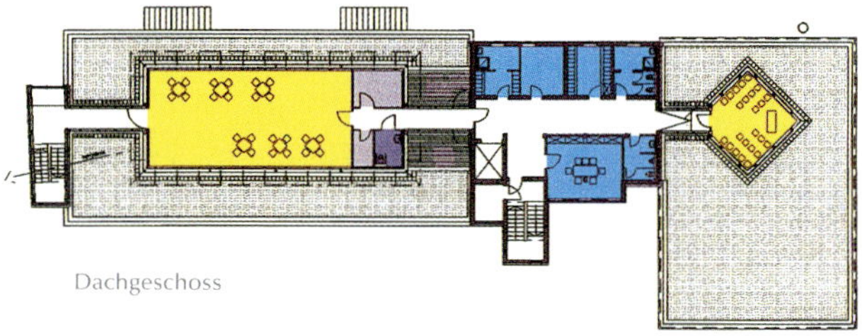

Dachgeschoss

Obergeschoss

Erdgeschoss

🟧 Bewohnerzimmer	🟩 Tagespflege
🟪 Sanitärbereich	⬜ Großküche
🟨 Gemeinschaftsräume	🟦 Bereiche Personal
🟥 Pflegestützpunkt	⬜ Nebenräume, Speiseverteilung
🟪 Verwaltung	

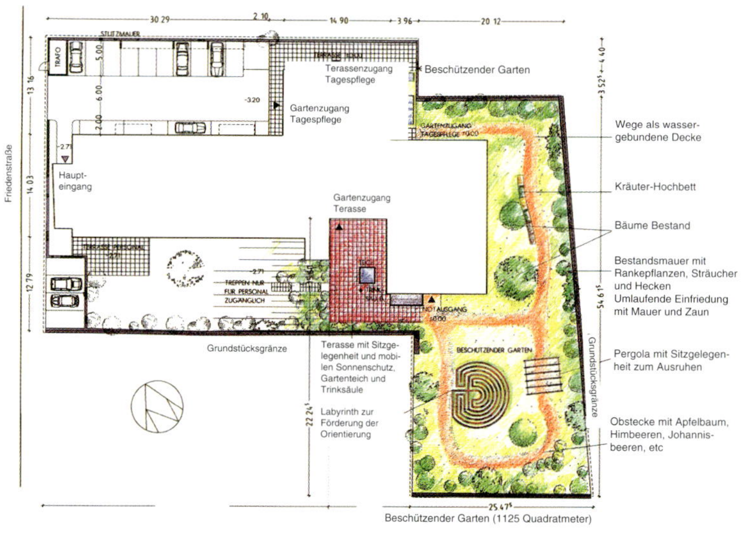

Wohnen im Ausland

Immer mehr Deutsche, die dem kühlen Klima ihrer Heimat entfliehen wollen, zieht es in den sonnigen Süden. Diese Entwicklung betrifft nicht nur Senioren oder Betuchte: Mehr als zwei Drittel aller Deutschen hätten dort am liebsten eine eigene Immobilie, sei es für die Urlaubszeit, zum Überwintern oder als dauerhaften Wohnsitz in einem Land, in dem sie auch arbeiten wollen. Maßvolle Immobilienpreise, geringere Lebenshaltungskosten und eine ruhigere Lebensart mit viel Sonne sind die häufigsten Gründe. Etwa 1 Million Deutsche haben sich diesen Traum an einer der südeuropäischen Küsten bereits verwirklicht – meist in der Absicht, den Lebensabend dort zu verbringen.

Das mit Abstand beliebteste Land für den dauerhaften Wohnsitz im Alter ist Spanien einschließlich der Balearen und Kanaren. Danach folgen Italien, Frankreich und Griechenland, doch auch Portugal, die Türkei und die USA liegen in der Gunst der Deutschen vorn. Die Iberische Halbinsel mit ihrer privilegierten geografischen Lage ist nicht nur in weniger als drei Flugstunden erreichbar, sie bietet darüber hinaus über 300 Sonnentage im Jahr und kann innerhalb Europas die meisten Küstengebiete vorweisen. Derzeit leben allein an der Costa del Sol dauerhaft etwa 100 000, in ganz Spanien mehr als 500 000 Deutsche.

Der Traum vieler Pensionäre, ihren dritten Lebensabschnitt in einem südlichen Land zu verbringen, ist – zumindest in der Europäischen Union – relativ leicht erfüllbar. Für eine Aufenthaltserlaubnis in Spanien – der für Rentner vorgeschriebenen »Residencia«–

reicht bereits die Mitgliedschaft in einer gesetzlichen Krankenversicherung sowie ein ausreichendes monatliches Einkommen, damit kein Sozialhilfeanspruch entsteht.

Es gibt verschiedene Möglichkeiten, als Rentner im Ausland zu leben. Man kann eine Immobilie kaufen oder mieten, man kann in eine Seniorenresidenz oder in eine betreute Wohnanlage ziehen, man kann sich auch sein Traumhaus bauen lassen – je nach den finanziellen Möglichkeiten, den individuellen Bedürfnissen und dem vorhandenen Grad der Selbstständigkeit. So verlockend der Gedanke allerdings auch sein mag, im milden Klima der Mittelmeerküste sein Leben zu genießen, sollten doch einige Aspekte bedacht werden.

Vor der Auswahl einer bestimmten Wohnform sollte die genaue Prüfung der eigenen finanziellen Mittel stehen. Rentenbezüge beispielsweise können beim Umzug ins Ausland deutlich geringer ausfallen oder gar ganz wegfallen. Informationen hierzu erteilt die Bundesversicherungsanstalt für Angestellte (BfA), die auch eine Broschüre zu diesem Thema herausgegeben hat (»BfA-Information 22, Rentenzahlung für Berechtigte im Ausland«, zu bestellen bei: BfA, Ruhrstraße 2, 10709 Berlin. Tel. 030-865-1).

Als Nächstes ist es ratsam, die eigenen Erwartungen an das Leben im sonnigen Süden klar zu definieren. Erhofft man sich beispielsweise, neue Freunde unter Gleichgesinnten zu finden, sollte man ein kontaktfreudiger Mensch sein. Wer bereits zu Hause wenig Kontakte hat, wird im Ausland noch schwerer Anschluss finden. Alte Freundschaften und

Familienbande sind nach dem Umzug infolge der weiten Entfernung nicht gerade leicht zu pflegen. Kontakte zu Einheimischen sind zwar bereichernd, setzen jedoch in der Regel passable Fremdsprachenkenntnisse voraus. Das Risiko zu vereinsamen ist hoch und sollte nicht unterschätzt werden.

Freizeitaktivitäten oder Hobbys spielen ebenfalls eine wichtige Rolle. Im Liegestuhl auf der Terrasse oder am Strand zu liegen kann nach einiger Zeit langweilig werden. Wer bereits zu Hause in Deutschland Schwierigkeiten hatte den Alltag sinnvoll zu gestalten, dem wird es im Ausland nicht unbedingt leichter fallen.

Wer jedoch nicht abseits der übrigen Gesellschaft nur unter Deutschsprachigen bleiben möchte und sich für Land und Leute interessiert, dem bieten sich unzählige Möglichkeiten für Exkursionen und neue Kontakte. Leider sind in den meisten südlichen Ländern gerade in ländlichen Gebieten die öffentlichen Verkehrsverbindungen nicht so verlässlich wie in Deutschland und Fahrpläne sind oft nicht vorhanden. Wer nicht mit dem eigenen Auto unterwegs ist, muss sich auf Einschränkungen in der Mobilität einstellen.

Wer sich für den Umzug in ein südliches Land entscheidet, weil er die Mentalität der Einheimischen und den Lebensrhythmus des fremden Landes schätzt, der wird den Aufenthalt genießen. Ist man zusätzlich noch der fremden Sprache mächtig, sind die besten Voraussetzungen für einen geglückten Start in den neuen Lebensabschnitt gegeben. Doch sollte man sich niemals in Urlaubslaune spontan zum Kauf einer Wohnung oder eines Hauses verleiten lassen. Am besten besucht man die Gegend, in die man ziehen möchte, zu jeder Jahreszeit, um sich vor Ort ein genaues Bild von den Verhältnissen und dem vorherrschenden Klima zu machen. Trügerisch ist auch die Annahme, im Winter ließe sich im Süden gut ohne Heizung leben. Gerade an der Küste herrscht im Winter oft ein feucht-kaltes Klima, das auch bei Plusgraden sehr ungemütlich werden kann.

Sonne, Weite, Freiheit, Abstand von den Alltagssorgen – für viele ist das der Inbegriff vom Leben im Süden. Doch gerade wenn man diesen Annehmlichkeiten einen so hohen Stellenwert in seinem Leben einräumt, sollte man auch überlegen, was einen im Falle möglicher Probleme im Ausland erwartet. Was tun, wenn dringend ein Handwerker benötigt wird, dieser aber auf sich warten lässt? Wie meistert man Behördengänge ohne Fremdsprachenkenntnisse? Wie geht man damit um, wenn sich deutsche Auswanderer untereinander nicht vertragen und man dem Streit kaum entkommen kann? Was tun bei Krankheit, wenn man keinen guten Arzt kennt oder wenn lange Wartelisten eine Behandlung im Krankenhaus verzögern? Getreu dem Motto »Der kürzeste Weg zum Arzt ist der zum Flughafen« kehren so manche Residenten bei Krankheit wieder in ihre Heimat zurück.

Im Alter kann es zu gesundheitlichen Einschränkungen und Beschwerlichkeiten kommen und somit Hilfe von außen nötig werden. Auch dies ist für viele ein Grund, wieder nach Deutschland zurückzukehren. Wenn man jedoch in einer Seniorenresidenz oder einer betreuten Wohnanlage lebt, hat man die Sicherheit der Versorgung durch Dienst- und Pflegeleistungen vor Ort.

In Anlagen des Betreuten Wohnens kann man ein Apartment häufig wahlweise mieten oder kaufen. In Seniorenresidenzen wohnt man meistens zur Miete beziehungsweise zu einem Pensionspreis, der bereits ein Dienstleistungspaket enthält. Auf dem freien Markt findet man in den südlichen Ländern je nach Lage häufig günstige Miet- und Eigentumswohnungen. Während man am Gardasee, in der Toskana oder auch auf Mallorca mit Höchstpreisen rechnen muss, findet man in weniger touristischen Gegenden oder in Ländern wie der Türkei oder Kroatien häufig äußerst preiswerte Immobilien.

Beim Kauf einer Wohnung oder eines Hauses gelten in den jeweiligen Ländern verschiedene rechtliche und steuerliche Vorschriften. In Italien beispielsweise sind Vorverträge bereits ohne notarielle Beurkundung bindend, es sollte daher von Anfang an ein Notar eingeschaltet werden. Beim Grundstückskauf sollte bedacht werden, dass in ländlichen Gebieten häufig Bauverbot herrscht und nur Ruinen wieder hergerichtet werden dürfen.

In Frankreich sind Vorverträge ebenfalls bindend, auch mündliche Kaufverträge sind rechtskräftig. Doch erst ein notarieller Kaufvertrag ermöglicht die Eintragung ins Eigentumsregister. Der Käufer kann sich den Notar selbst aussuchen, der, anders als in Deutschland, ein vom Finanzministerium eingesetzter Beurkundungsbeamter ist. In Spanien reicht ein einfacher privatschriftlicher Vertrag, der zwar notariell beurkundet werden muss, jedoch bei Unterlassung nicht zwangsläufig ungültig ist. Auch mündliche Verträge sind bereits gültig. In der Türkei dagegen ist kein Notar erforderlich, sondern es genügt ein vereidigter Dolmetscher für die Eintragung ins »TAPU«, dem türkischen Grundbuch. Nur diese Eintragung gewährt Rechtssicherheit über den Kauf.

Da in jedem Land andere rechtliche Vorschriften gelten ist es dringend zu empfehlen, sich vor dem Kauf einer Immobilie von einem Fachmann für Auslandsimmobilien beraten zu lassen, auch wenn man bereits ein erfahrener Käufer ist. Es gibt in jedem Land Besonderheiten, die man genau erfragen sollte, um spätere unangenehme Überraschungen zu vermeiden.

Wenn man über die rechtlichen und finanziellen Konsequenzen eines Umzugs ins Ausland gut informiert ist, die örtlichen Gegebenheiten im Land seiner (Alters-) Träume bereits kennen gelernt hat und darüber hinaus kontaktfreudig und abenteuerlustig ist, kann der dritte Lebensabschnitt unter südlicher Sonne zu einer unvergesslichen Erfahrung werden. Es schadet jedoch nicht, für den Fall der Fälle die Möglichkeit der Rückkehr in Betracht zu ziehen und sich eine Wohnmöglichkeit in Deutschland zu erhalten.

Vorteile
– Warmes Klima und fremdländisches Flair
– Neue Kontakte

– Attraktives Umfeld (Berge oder Strand und Meer)
– Abstand vom Alltagstrott zu Hause

Mögliche Nachteile
– Gefahr der Vereinsamung
– Gefahr der Langeweile
– Alltagsprobleme können unerwartet kompliziert werden
– Kontakte zur Familie und alten Freunden sind schwer zu pflegen

Internet-Tipp
www.leben-in-spanien.com
(deutschsprachige Immobilienbörse Spaniens mit Informationen zum Leben in Spanien)

www.italianita.de
(Informationen zum Leben in Italien mit verschiedenen Links)

Residencia Costa Tropical, Südspanien

Lage und Ausgangssituation

Andalusiens Costa Tropical – ein im Süden der Iberischen Halbinsel und gegenüber dem afrikanischen Kontinent gelegener Küstenstreifen – ist bekannt für sein mildes subtropisches Klima mit Temperaturen im Winter um 18 °C und im Sommer um 25 °C. Die vielen Strände und Buchten, die durch steile Felsen oder kleine Hügel voneinander getrennt sind, machen diese Region für viele Menschen zu einer attraktiven Wohngegend.

In der 22 000 Einwohner zählenden Kleinstadt Almuñécar wurde im Jahr 2002 direkt an der Küste die »Residencia Costa Tropical« eröffnet. Diese unter deutscher Leitung stehende Seniorenresidenz ist eine Einrichtung der Altenhilfe, steht Menschen aller Nationalitäten offen und ist an das 1951 gegründete Evangelische Johanneswerk – einer der größten diakonischen Träger Europas mit Sitz in Bielefeld – angeschlossen.

Zwischen den einzelnen Gebäuden der Residencia Costa Tropical gibt es vielfältige Freiflächen, die gerne für gesellige Treffen genutzt werden.

Die im westlichen Teil der Stadt in einem Wohngebiet gelegene Residencia ist einen guten Kilometer vom Strand sowie von dem stark maurisch geprägten historischen Stadtkern entfernt. Die Flughäfen von Málaga und Granada liegen eine gute Autostunde entfernt und sind von den meisten deutschen Flughäfen in etwa drei Stunden zu erreichen.

Architektonisches Konzept

Der weißverputzte und im maurisch inspirierten Stil errichtete Wohnkomplex ist in vier einzelne Gebäude aufgegliedert, die in zwei Gruppen winkelförmig und untereinander angeordnet an einem Hang liegen und so den Bewohnern einen fantastischen Blick auf Stadt und Meer bieten. Die Erschließungswege zwischen den Hausgruppen weiten sich hier und da zu kleinen Plätzen auf, die zu spontanen Kontakten animieren. Die vollständig barrierefrei ausgebaute Anlage erstreckt sich über insgesamt acht Etagen. Das Haupthaus, das »Casa Aguacate«, wird von der obersten Ebene aus erschlossen. Hier befindet sich auch die Rezeption und die Cafeteria. In tieferen Ebenen sind Restaurant und Verwaltung, diverse Multifunktionsräume und ein Andachtsraum untergebracht. Ein Hallenbad und ein Swimming-Pool im Freien runden das Angebot an Gemeinschaftseinrichtungen ab.

Im direkt angrenzenden Haus »Casa Mango«, dem Pflegebereich, finden sich 14 überwiegend nach Süden orientierte Einzelzimmer sowie drei Doppelzimmer, die in drei überschaubare Wohngruppen gegliedert sind. Jeder Wohngruppe steht ein Aufent-

haltsraum mit Küche und Terrasse oder Balkon zur Verfügung.

In den drei Häusern »Chirimoya«, »Papaya« und »Nispero« befinden sich insgesamt 55 Wohnungen in der Größe von 32 bis 80 Quadratmetern. Sie sind seniorengerecht ausgestattet, haben Balkon oder Terrasse und sind meist nach Süden, seltener nach Osten orientiert. Durch die Hanglage und die dadurch notwendige Staffelung der Gebäude wird jede Wohnung optimal belichtet. Eine in Spanien häufig anzutreffende Erschließungsart: Die ebenerdigen Wohnungen werden über die Terrasse und den Wohnraum erschlossen und nicht über innen liegende Flure. Das mediterrane Klima erlaubt den Verzicht auf Windfänge oder sonstige Vorbereiche.

Verschieden hohe Gebäudeabschnitte innerhalb eines Hauses lassen eine abwechslungsreiche Dachlandschaft aus roten Ziegeln entstehen, die sich kontrastreich gegen die weißen Fassaden abhebt.

Wohnkonzept

Das Angebot der Seniorenresidenz richtet sich an alle Menschen, unabhängig von ihrer Nationalität, die entweder bereits längere Zeit in Andalusien leben oder die nach Spanien ziehen möchten, um dort ihren dritten Lebensabschnitt zu verbringen. Die Bewohner leben eigenständig in ihren Wohnungen, haben jedoch die Sicherheit professioneller Betreuung und Pflege bei Bedarf. Auf Wunsch ist der Anschluss der Wohnungen an einen 24-Stunden-Hausnotruf möglich. Sämtliche Mahlzeiten werden in der Cafeteria zu günstigen Preisen angeboten.

Zahlreiche Gemeinschaftseinrichtungen im Haus sowie organisierte Veranstaltungen, wie zum Beispiel Diavorträge, Ausflüge in die Umgebung, Kaffeenachmittage oder Spiele-

Die Residenz besteht aus vier Einzelgebäuden, die winkelförmig in den Hang gebaut wurden. Von jeder Wohnung aus hat man einen fantastischen Blick auf das Meer und die Stadt.

Die roten Ziegel-
dächer heben sich
kontrastreich gegen
die weiße Fassade ab.

abende, aber auch Mal- und Kochkurse oder gemeinsames Musizieren ermöglichen es den Bewohnern, Kontakte zu knüpfen. Im Hause angebotene Spanischkurse vermitteln Fremdsprachenkenntnisse und Einblicke in die spanische Lebensart. Im Andachtsraum werden ökumenische Gottesdienste abgehalten, auch für seelsorgerische Beratung und Hilfe ist gesorgt. Für die Bewohner werden regelmäßig ärztliche Sprechstunden im Haus wahlweise in deutscher, englischer oder spanischer Sprache abgehalten.

Bei Krankheit oder auch bei dauerhafter Pflegebedürftigkeit kommt ein mobiler Pflegeservice ins Haus und ermöglicht das Verbleiben in der eigenen Wohnung. Sollte ein Umzug in die Pflegeabteilung erwünscht sein, erhalten die Bewohner der Residenz dort bevorzugt einen Platz.

In der Residencia Costa Tropical wohnt man zur Miete. Zusätzlich muss zunächst ein Wohnberechtigungsdarlehen geleistet werden, dessen Höhe sich nach den Quadratmetern der jeweiligen Wohnung richtet. Die Darlehenssumme wird vom Evangelischen Johanneswerk mit derzeit 2,5 Prozent verzinst und die Zinsen jährlich ausgezahlt. Den Gesamtbetrag, so er nicht teilweise mit der Miete verrechnet wird, erhält der Bewohner bei Vertragsende zurück. Zum Mietpreis kommen noch die üblichen Nebenkosten hinzu. Darin enthalten ist ein Basispaket an Betreuung, das zum Beispiel die Vermittlung von diversen Dienstleistern, seelsorgerliche Beratung und die Nutzung vielfältiger Gemeinschaftseinrichtungen im Haus mit einschließt. Ein Servicepaket mit

In der Cafeteria kön-
nen sämtliche Mahl-
zeiten zu günstigen
Preisen eingenom-
men werden.

Ausblick vom Balkon einer der Wohnungen.

konkreten Betreuungs- und Pflegeangeboten, wie zum Beispiel die Nutzung des Fahr- oder Einkaufsdienstes oder pflegerische Betreuung im Krankheitsfall, kann dazugekauft werden. Derartige Serviceleistungen können jedoch auch einzeln bestellt werden, sodass jeder Bewohner auch nur die tatsächlich benötigten Leistungen abrechnen muss.

Besonderheit

In der »Residencia Costa Tropical«, einer mediterranen Wohnanlage für gehobene Ansprüche, ist für jeden Bedarf etwas dabei: völlig eigenständiges Wohnen im eigenen Apartment, geringfügige oder intensive Betreuung im Alltag oder Pflege bis hin zur Stufe 3. Dieser Rundum-Service ermöglicht es, unabhängig von den im Ausland möglicherweise auftretenden Alltags-Schwierigkeiten sein Alter unbeschwert unter der Sonne Spaniens zu genießen.

ANZAHL DER WOHNUNGEN
55
MIETE
ca. 700 bis 1200 € inkl. Nebenkosten
SERVICE
Basispaket im Mietpreis inbegriffen
Servicepaket oder einzelne Dienstleistungen können dazugekauft werden (hauswirtschaftliche und pflegerische Dienste)
ANZAHL DER PFLEGEPLÄTZE
20
ANGEBOTE IM HAUS
Restaurant und Cafeteria, Hallenbad und Swimming-Pool, Gottesdienste, Frisör, Kosmetik, Physiotherapie, Notrufbereitschaft, mehrsprachige Ärzte, mobile Pflege, Kurzzeitpflege, Tagespflege, Angebote zur Freizeitgestaltung
STELLPLÄTZE
Tiefgaragenplätze vorhanden

Das evangelische Johanneswerk betreibt in Spanien noch eine weitere Einrichtung, die Residencia Montebello in der Nähe von Alicante. Unter folgenden Anschriften erhält man zu beiden Einrichtungen Informationen.

ANSCHRIFTEN
Residencia Costa Tropical
Barranco de la Cruz
Camino Real
Apartado de Correos 634
E-18690 Almuñécar/Granada
Tel: 00 34-9 58 63 20 57 (deutschsprachig)
Fax: 00 34-9 58 63 07 35
Mobil: 00 34-6 86 41 38 78
Ansprechpartnerin Andrea Grauel
E-mail: a.grauel@ev-johanneswerk.es
www.ev-johanneswerk.de

Evangelisches Johanneswerk e.V.
Schildescher Straße 101
33611 Bielefeld
Tel: 05 21-8 01 21 60
Fax: 05 21-8 01 21 50
Ansprechpartnerin:
Europareferentin Anja Zimmermann:
E-mail: anja-zimmermann@johanneswerk.de

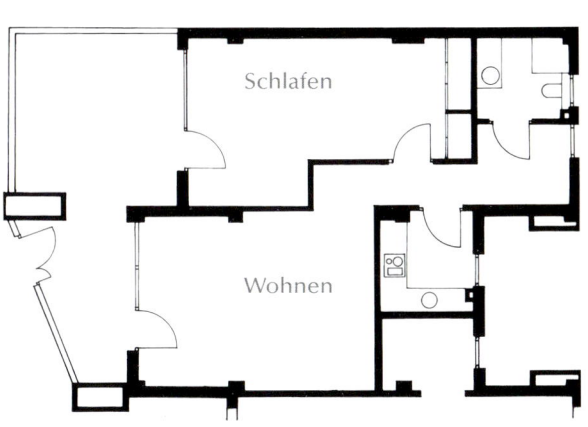

Schlafen

Wohnen

Grundrissbeispiel einer 2-Zimmer-Wohnung mit Erschließung über die Terrasse.

Anhang

Maße und Richtlinien für barrierefreies Bauen

Im Folgenden werden auszugsweise einige Anforderungen der DIN 18025 Teil 1 und 2 wiedergegeben (in Klammern Teil 1 für Rollstuhlfahrer bei abweichenden Maßen). Herausgeber eines kompletten Leitfadens mit allen Planungsgrundlagen nach dieser DIN-Norm ist die Oberste Baubehörde im Bayerischen Staatsministerium des Innern sowie die Bayerische Architektenkammer, deren Anschriften im Adressverzeichnis genannt werden.

Horizontale Erschließung

Erschließungswege zu einer Wohnanlage oder einem Wohnhaus müssen gefahrlos begehbar sein und sind bei einem Gefälle ab 3 Prozent als Rampen mit einer maximalen Steigung von 6 Prozent auszubilden. Bei einer Rampenlänge von über 6 Metern ist ein Zwischenpodest von mindestens 1,50 Meter erforderlich.

Alle Räume der Wohnung müssen stufenlos erreichbar sein, andernfalls sind Rampen oder Lifte vorzusehen.

Bodenbeläge im Gebäude müssen rutschhemmend und fest verlegt sein.

Vertikale Erschließung

Im Haus muss ein Lift vorhanden sein. Lichtes Maß des Fahrkorbs: 1,10 x 1,40 Meter

Die Bewegungsfläche vor den Lifttüren muss mindestens 1,50 x 1,50 Meter betragen.

Treppen sollten nicht gewendelt sein, die Stufen dürfen keine Unterschneidungen aufweisen, da man sonst mit der Fußspitze an den Kanten hängen bleiben kann.

Handläufe sind an beiden Seiten anzubringen, der innere Handlauf darf nicht unterbrochen werden. Anfang und Ende des äußeren Handlaufs sollten 30 Zentimeter über den Anfang und das Ende der Treppe hinausragen.

Die Bewegungsfläche vor einer Treppe sollte 1,50 Meter tief sein.

Türen

Haus-, Wohnungs- und Lifttüren müssen mindestens 90 Zentimeter breit sein (lichtes Maß), innere Türen mindestens 80 Zentimeter (90 Zentimeter), damit man mit Krücken oder Gehhilfen (bzw. Rollstuhl) noch bequem hindurch kommt.

Untere Türanschläge und -schwellen sollten vermieden werden, wenn dies nicht möglich ist, dürfen sie nicht höher als 2 Zentimeter sein. Ohne Schwellen kann man auch den Übergang vom Wohnzimmer auf die Terrasse oder den Balkon ausbilden. Die Dachdeckerrichtlinien schreiben zwar einen Niveauunterschied von 15 Zentimetern zwischen wasserführender Schicht und Oberkante des Wohnbereichs vor, doch kann durch

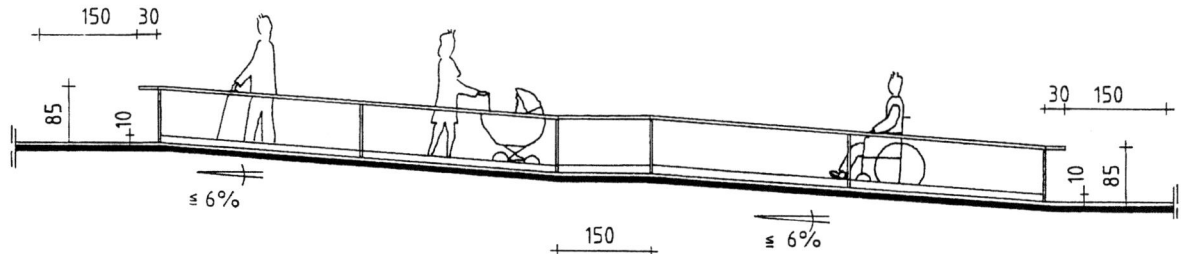

Rampen dürfen maximal eine Steigung von 6 Prozent haben. Bei einer Länge von mehr als 6 Metern ist ein Zwischenpodest erforderlich.

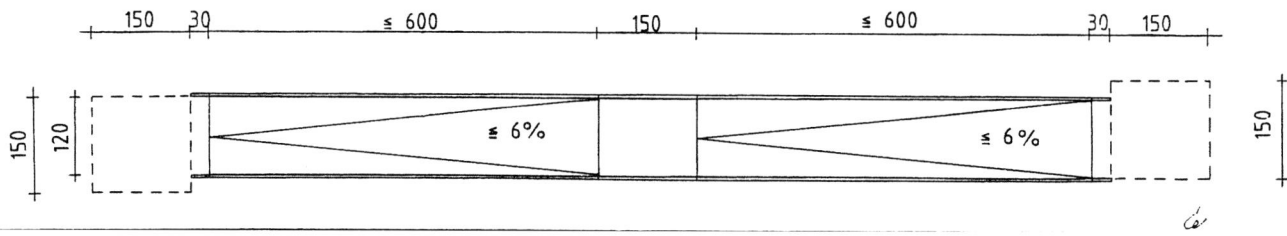

Erhöhen des Belags im Außenraum, z.B. durch einen Lattenrost, die Schwelle vermieden werden, im Neubau auch durch spezielle konstruktive Systeme (z.B. Alumat-System). Bei Brandschutztüren (T30 u. T90) ist eine Schwelle von 2 Zentimetern allerdings unumgänglich.

Bad

Türen zu Bad und WC müssen nach außen aufschlagen. Nach innen aufschlagende Türen engen den Bewegungsraum stark ein. Stürzt jemand im Bad und geht die Tür nach innen auf, blockiert der am Boden liegende Mensch möglicherweise den Zugang und dies erschwert das Zuhilfekommen erheblich.

Der Duschbereich muss schwellenlos begehbar (bzw. mit dem Rollstuhl befahrbar) sein.

Unter dem Waschtisch sollte Freiraum für die Beine bleiben (bzw. sollte er flach und unterfahrbar sein).

Vor Einrichtungen im Sanitärraum ist eine Bewegungsfläche von 1,20 x 1,20 Meter (1,50 x 1,50 Meter) erforderlich.

Küche

In der Küche sollten Herd, Arbeitsplatte und Spüle nebeneinander mit Freiraum für die Beine angeordnet sein (für Rollstuhlfahrer die Möglichkeit einer Übereckanordnung vorsehen).

Die Bewegungsfläche vor den Küchenmöbeln sollte mindestens 1,20 Meter tief sein (1,50 Meter).

Schlafraum

Das Bett sollte bei Bedarf von drei Seiten zugänglich sein.

Die Bewegungsfläche entlang einer Längsseite sollte 1,20 Meter breit (bzw. 1,50 x 1,50 m groß) sein.

Gesamte Wohnung

Die Bewegungsfläche vor Möbeln wie Schränken, Kommoden usw. muss mindestens 90 Zentimeter (1,50 Meter) tief sein.

Bedienungsvorrichtungen wie Türöffner, Schalter, Sanitärarmaturen, Toilettenspüler und Ähnliches sollten in einer Höhe von 85 Zentimeter angebracht sein.

(Text in Anlehnung an den Leitfaden der Bayerischen Architektenkammer und Illustrationen aus »Lothar Marx, Barrierefreies Planen und Bauen für Senioren und behinderte Menschen«, Stuttgart + Zürich 1994, mit freundlicher Genehmigung des Autors).

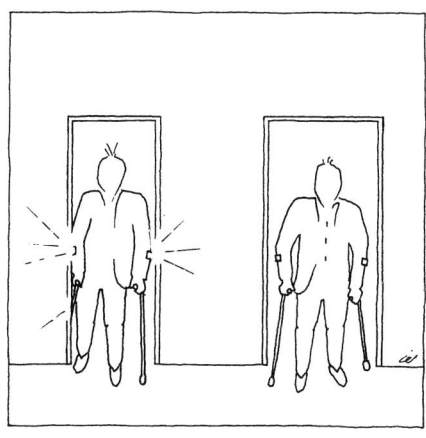

Innere Türen sollten mindestens 80 Zentimeter breit sein.

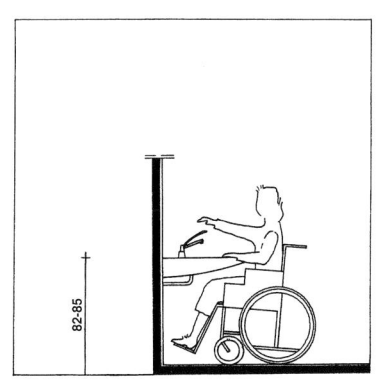

Ein flacher Waschtisch kann auch von einem Rollstuhlfahrer benutzt werden.

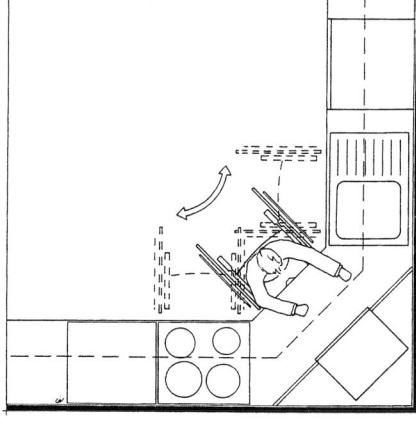

In der Küche erleichtert die Übereckanordnung der Arbeitsplatten Rollstuhlfahrern erheblich die Arbeit.

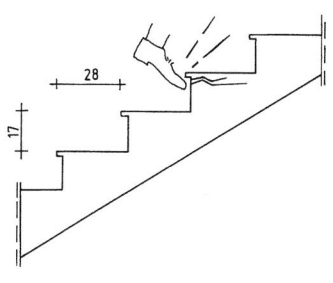

Unterschnittene Treppenstufen sind häufige Stolperfallen.

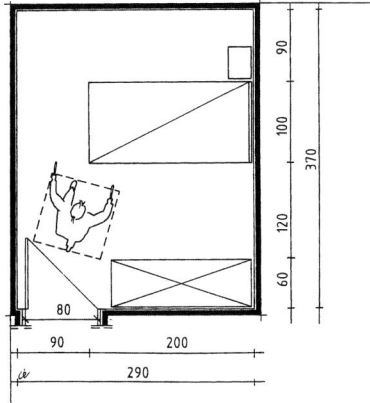

Vor dem Bett ist eine Bewegungsfläche von mind. 1,20 Meter wichtig.

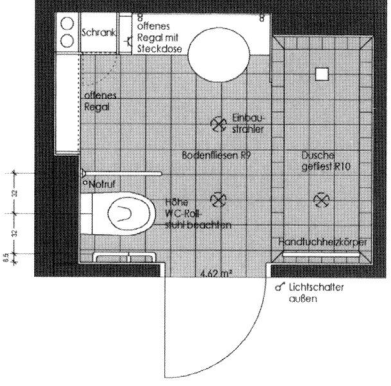

Grundrissbeispiel eines idealen Bades nach DIN 18025 Teil 2.

Architektenverzeichnis

Architekturbüro Kada + Wittfeld
Theaterstraße 19
52062 Aachen
E-mail: office@kada-aachen.de
www.kada-aachen.de
Seite 28 (Seniorenwohnhaus Neumarkt
am Wallersee)

Architekturbüro Lothar Marx
Tengstraße 26
80798 München
E-mail: buero@architekt-marx.de
Seite 62 (Mathildenstift München)
Seite 126 (Altenheim Dr. Dahl
Würzburg)

3L Architekten Industriedesigner
Horlecke 46
58706 Menden
E-mail: info@3-L.de
www.3-L.de
Seite 92 (Mehrfamilienhaus Bonn)

Ebe + Ebe Architekten BDA Stadtplaner
Volkartstraße 50
80636 München
E-mail: buero@ebe-ebe-architekten.de
www.ebe-ebe-archtitekten.de
Seite 76 (Mehrfamilienhaus Deggendorf)

Gruppe 4Plus Karlruhe
Projektarchitekt:
Alexander Grünenwald
Grünenwald + Heyl. Architekten
Ludwig-Marum-Straße 38
76185 Karlsruhe
E-mail: buero@gruenenwald-heyl.de
www.gruenenwald-heyl.de
Seite 72 (Wohnanlage in Kempten)

Der Hausladen Architekten
Baldestraße 19
80469 München
E-mail: der.hausladen@gmx.de
Seite 96 (Austragshaus München)

Kauffmann Theilig & Partner
Freie Architekten BDA
Prof. Andreas Theilig
Dieter Ben Kauffmann
Rainer Lenz
Manfred Ehrle
Zeppelinstraße 10
73760 Ostfildern
E-mail: info@kauffmanntheiligpartner.de
www.kauffmanntheiligpartner.de
Seite 34 (Seniorenzentrum Burgbreite
Wernigerode)
Seite 48 (Gradmann-Haus in Ostfildern-
Ruit)

Kohlhoff & Kohlhoff Architekten
Böheimstraße 43
70199 Stuttgart
E-mail: kohlhoff.architekten@t-online.de
Seite 80 (Generationenhaus West,
Stuttgart)

Eva von Levetzow und Sandra Reiter
Innenarchitektinnen
Ungererstraße 84
80805 München
E-mail: evavonlevetzow@aol.com
Seite 20 (Seeresidenz Seeshaupt)

Prof. Volkwin Marg
Architekten von Gerkan, Marg
und Partner
Elbchaussee 139
22763 Hamburg
E-mail: Hamburg-E@gmp-architekten.de
Seite 14 (Augustinum Hamburg)

Reichhardt · Czerner + Partner
Architektur und Stadtplanung BDA
Elbchaussee 93
22763 Hamburg
E-mail: mail@khd-czerner.de
www.khd-czerner.de
Seite 86 (Multavita-Hof Bremen)

Schlude & Ströhle Architekten
Gutenbergstraße 41
70176 Stuttgart
E-mail: mail@schlude-stroehle.de
www.schlude-stroehle.de
Seite 42 (Seniorenzentrum Herbertingen)

studioacht.
architektur innenarchitektur design
Schwanthalerstraße 76
80336 München
E-mail: kontakt@studioacht.de
www.studioacht.de
Seite 102 (Ausbau einer Wohnung
im Dachgeschoss München)

Wenzl + Huber Architekten
Maria am Sand 7
94152 Vornbach
E-mail: info@wenzl-huber.de
www.wenzl-huber.de
Seite 58 (Betreutes Wohnen »Obere
Hofmark« Winhöring)

Bildnachweis

Augustinum Hamburg, Seite 14–18:
Klaus Frahm, Hamburg

Seeresidenz Seeshaupt, Seite 20, 21,
22 u., 24 o.: Seeresidenz Alte Post Betriebs-
GmbH, Seeshaupt; Seite 23 o., 24 u.:
Rainer Hofmann, München; Seite 22 o.,
23 u.: Eva von Levetzow, München;

Seniorenhaus St. Nikolaus, Neumarkt (A),
Seite 28–33: Margherita Spiluttini, Wien

Seniorenzentrum Burgbreite, Wernigerode, Umschlagrückseite u. re. , Seite
34–38: Roland Halbe / Artur, Köln

Seniorenzentrum Herbertingen,
Seite 43–47: Roland Halbe / Artur, Köln

Altenzentrum Ruit, Ostfildern,
Seite 48–53: Roland Halbe / Artur, Köln

Wohnen auf dem Matzenhof, Simbach,
Seite 54–57: Johanna Brauneis, Simbach
(Seite 55, 57 o.); Dr. Werner Rühm,
München (Seite 54, 56, 57 u.)

Betreutes Wohnen Winhöring,
Umschlagrückseite o. re., Seite 58–60:
Wenzl + Huber, Vornbach

Mathildenstift München, 62–68:
Büro Lothar Marx, München

Integriertes Wohnen in Kempten,
Seite 72–75: Dittmann + Dittmann,
Ebenhausen

Mehrfamilienhaus in Deggendorf,
Seite 76–79: Prof. Johann Ebe, München

Generationenhaus West Stuttgart,
Seite 80–85: Wolfram Janzer / Artur, Köln

Multavita-Hof Bremen, Seite 86–89:
Klaus Frahm / Artur, Köln

Austragshaus in München, Seite
96–101: Henning Köpke, München
(Seite 96–98, Seite 99 oben rechts u.
unten, Seite 101); Tobias Fürst, München
(Seite 99 oben links)

Ausbau einer Wohnung im Dachgeschoss in München, Umschlagvorder-
seite, Seite 102–107: Maximilian
Mutzhas, München

Wohngemeinschaft in Zürich, Villa am
Zürichberg (CH), Seite 111–113: Züsi
Keller-Farner, Zürich (Seite 111); Bettina
Rühm, München (Umschlagrückseite o.
li., Seite 110, 112, 113)

Großhaushalt Karthago in Zürich (CH),
Seite 114–117: Gudrun Hoppe, Zürich
(Seite 115); Bettina Rühm, München
(Seite 114, 116, 117)

Wohnheim für Demenzkranke
in Würzburg, Seite 2, Seite 126–129:
Büro Lothar Marx, München

Residencia Costa Tropical, Südspanien,
Seite 134–137: Evangelisches Johanneswerk, Bielefeld

Sonstige Fotos:
Seite 10: Büro Lothar Marx, München
Seite 11 (links): Bettina Rühm, München
Seite 11 (mitte): Dr. Werner Rühm,
München
Seite 11 (rechts): Gunter Maurer,
München
Nachbearbeitung von Grundrisszeich-
nungen: Eva Schnitzer, München, Seite
57, 113, 137

Wichtige und hilfreiche Adressen

Kuratorium Deutsche Altershilfe (KDA)
An der Paulskirche 3
50677 Köln
Tel. 02 21-93 18 18 47-0
Fax 02 21-93 18 47- 6
e-mail: info@kda.de
www.kda.de
(zahlreiche Ratgeber zum Thema
Alter und Wohnen im Alter)

Verbraucherzentrale Bundesverband
e.V. (VZBV)
Markgrafenstraße 66
10969 Berlin
Tel. 0 30-258 00-0
Fax 0 30-258 00-518
www.vzbv.de
(diverse Ratgeber zum Thema Wohnen
im Alter, herausgegeben von den Verbraucherzentralen der Bundesländer)

Bayerische Stiftung für Qualität
im Betreuten Wohnen e.V.
Barbarossastraße 19
81677 München
Tel. 0 89-47 08 70 11
Fax: 0 89-47 08 70 12
www.stiftung-betreutes-wohnen.de

Bundesinteressenvertretung der
Altenheimbewohner e.V. (BIVA)
Vorgebirgsstraße 1
53913 Swisttal
Tel. 0 2254-70 45
Fax 0 22 54-70 46
e-mail: info@biva.de
www.biva.de

Bundesarbeitsgemeinschaft der
Senioren-Organisationen (BAGSO)
Eifelstraße 9
53119 Bonn
Tel. 02 28-24 99 93-0
Fax 02 28-24 99 93-20
e-mail: kontakt@bagso.de
www.bagso.de

Oberste Baubehörde im Bayerischen
Staatsministerium des Innern
Franz-Josef-Strauß-Ring 4
80539 München
Tel. 0 89-21 92-0
Fax 0 89-21 92-33 50
e-mail: poststelle@stmi-obb.bayern.de
www.innenministerium.bayern.de

Bayerische Architektenkammer
Beratungsstelle Barrierefreies Bauen
Waisenhausstraße 4
80637 München
Tel. 0 89-13 98 80-31
Fax 0 89-13 98 80-33
barrierefrei@byak.de
www.byak.de

Deutsches Rotes Kreuz
Carstennstraße 58
12205 Berlin
Tel. 0 30-8 54 04-0
Fax 0 30-8 54 04-450
E-Mail: DRK@DRK.de
www.drk.de
(zahlreiche Hilfsleistungen
und Wohneinrichtungen
für ältere Menschen)

Bundesministerium für Arbeit
und Sozialordnung (BMA)
Referat Öffentlichkeitsarbeit
Postfach 500
53105 Bonn
Tel. 08 00-1 51 51 50
www.bma.bund.de

Bundesversicherungsanstalt
für Angestellte (BfA)
Ruhrstraße 2
10709 Berlin
Tel. 0 30-8 65-1
www.bfa.de
(Informationen zum Thema
Rentenzahlungen im Ausland)

Deutsche Verbindungsstelle
Krankenversicherungen-Ausland
Postfach 20 04 64
53134 Bonn
Tel. 02 28-95 30-0
www.dvka.de
(Informationen über Kranken-
versicherungsschutz im Ausland)

Botschaft der Bundesrepublik
Deutschland
Embajada de la República Federal
de Alemania
Sozialreferat, Rechts- und Konsularwesen
C/ Fortuny, 8
28010 Madrid
Spanien
Tel. 00 34-91 55 79 0 00
Fax 00 34-91 31 02 1 04
www.embajada-alemania.es
(Informationen zum Thema Auswandern
nach Spanien, besonders auch im Alter)

Deutsche Alzheimer Gesellschaft e.V.
Friedrichstraße 236
10969 Berlin
Tel. 0 30-2 59 37 95-0
info@deutsche-alzheimer.de
www.deutsche-alzheimer.de

Hilfreiche Adressen im Internet

Das Internet ändert sich täglich.
Die Autorin übernimmt keine Verant-
wortung für Inhalte und Aktualität der
hier genannten Websites. Hierfür sind
ausschließlich die jeweiligen Betreiber
verantwortlich.

Informationen für Senioren, besonders
zum Thema Wohnen
www.senioreninformation.de
(Verbraucherinfos als Entscheidungshilfe
bei Fragen der Pflege und des Wohnens)

www.wohnlotse-muenchen.de
(umfassende Informationen zu den Themen
Wohnen und Hilfen für ältere Menschen,
insbesondere für München und
Umgebung)

www.forum-fuer-senioren.de
(Informationen unter anderem zum Thema
Wohnen sowie Treffpunkt für Senioren)

www.hindernisfrei-bauen.ch
(Schweizerische Fachstelle für
behindertengerechtes Bauen)

www.haiku-plus.de
(ansprechend und witzig formulierte
Informationen zum Thema
Wohngemeinschaften)

Zum Thema Alzheimer-Demenz
www.altern-in-wuerde.de
(Informationen rund ums Krankheitsbild
»Demenz«)

www.deutsche-alzheimer.de
(Deutsche Alzheimer Gesellschaft e.V.)

Zum Thema Rente
www.rententips.de
(Informationen zum Thema Rente
und Grundsicherung)

www.riesterrenten-forum.de
(Informationen zur Riesterrente)

Internet-Portale, Treffpunkte
und Chats
www.feierabend.com
(Internet-Portal für Menschen ab 50)

www.seniorweb.uni-bonn.de
(Informationen und Kontaktbörse
für ältere Menschen)

www.seniorweb.at
(Österreich: Informationen und
Internet-Treffpunkt für Senioren)

www.seniorweb.ch
(Schweiz: Informationen für Senioren)

www.oldies.ch
(Schweizer Seniorenchat)

Quellennachweis

Wohnen ohne Barrieren. Arbeitsblätter
»Bauen und Wohnen für Behinderte«
Nr. 5. Oberste Baubehörde im Bayeri-
schen Staatsministerium des Innern,
München, 2000

Barrierefreie Wohnungen. Arbeitsblätter
»Bauen und Wohnen für Behinderte«
Nr. 2: Leitfaden für Architekten,
Bauingenieure und Bauherren zur
DIN 18025 Teil 1 und Teil 2. Oberste
Baubehörde im Bayerischen Staats-
ministerium des Innern, München,
1998

Lothar Marx, Barrierefreies Planen und
Bauen für Senioren und behinderte
Menschen, Stuttgart und Zürich, 1994

Sicher und bequem zu Hause wohnen.
Wohnberatung für ältere und
behinderte Menschen. NRW-Tipp.
Ministerium für Arbeit und Soziales
des Landes Nordrhein-Westfalen,
Düsseldorf, 2000

Betreutes Wohnen. Was Sie über
Leistungen, Kosten und Verträge
wissen sollten. VZ Verbraucherzentrale
Nordrhein-Westfalen, Düsseldorf,
2002

Selbstbestimmt älter werden. Wohnen,
Pflege, Ernährung. Verbraucherzentrale
Hamburg e.V., 1998

vorgestellt. Wohnungsanpassung.
Heft 57. Kuratorium Deutsche
Altershilfe, Köln 1998

Privater Immobilienerwerb in Italien.
Broschüre der Hypo-Vereinsbank,
2002

Privater Immobilienerwerb in Spanien.
Broschüre der HypoVereinsbank, 2002

Privater Immobilienerwerb in Frankreich.
Broschüre der HypoVereinsbank, 2002

Münchner Mietermagazin des Mieterverein
München e.V. Heft 2/2003, München

chrismon. Das evangelische Magazin.
Heft 2/2003, Hamburg

www.wohnlotse-muenchen.de

www.haiku-plus.de

www.senioreninformation.de/intwo3.htm

www.leben-in-spanien.com

www.altern-in-wuerde.de

www.rententips.de

Dank

Mein besonderer Dank gilt Herrn Lothar Marx, Architekt und Lehrbeauftragter für alten- und behindertengerechtes Bauen an der TU München, für die fachliche Beratung zu den Themen Wohnen für Demenzkranke und Barrierefreies Bauen.

Herrn Ministerialrat Gunter Maurer von der Obersten Bayerischen Baubehörde danke ich für hilfreiche Anregungen zu meiner Recherche.

Frau Züsi Keller-Farner und Herrn Roland Heitz aus Zürich möchte ich dafür danken, dass sie mir Einblicke in ihre privaten Wohnbereiche und in ihre persönlichen Erfahrungen in einer Wohngemeinschaft gewährt haben.

Den Mitgliedern der Rothenfußer Wohngemeinschaft und ihrer Projektleiterin Frau Ulrike Reder danke ich für einen gemeinsam verbrachten Nachmittag in ihrem Kreis, der mir großen Einblick in die Situation demenzkranker Menschen gewährt hat.

Bei Frau Lilli Binzegger von der *Neuen Zürcher Zeitung/ Folio* bedanke ich mich für ihre Unterstützung bei meiner Recherche in der Schweiz.

Danken möchte ich auch all denjenigen, die mein Buchprojekt durch hilfreiche Anregungen oder Bildmaterial unterstützt haben.

Herrn Roland Thomas und Frau Monika Pitterle von der Deutschen Verlags-Anstalt ein herzliches Dankeschön für die vertrauensvolle und konstruktive Zusammenarbeit.

Ganz besonders danken möchte ich meinem Mann Werner und meinen beiden Söhnen Sebastian und Johannes für ihre liebevolle Unterstützung bei meiner Arbeit an diesem Buch.

Impressum

© 2003 Deutsche Verlags-Anstalt, München
Alle Rechte vorbehalten
Gestaltung: Monika Pitterle
Litho: AB Multimedia GmbH, Oberding
Druck: Jütte-Messedruck GmbH, Leipzig
Bindung: Kunst- und Verlagsbinderei GmbH, Leipzig
Printed in Germany

ISBN 3-421-03434-6